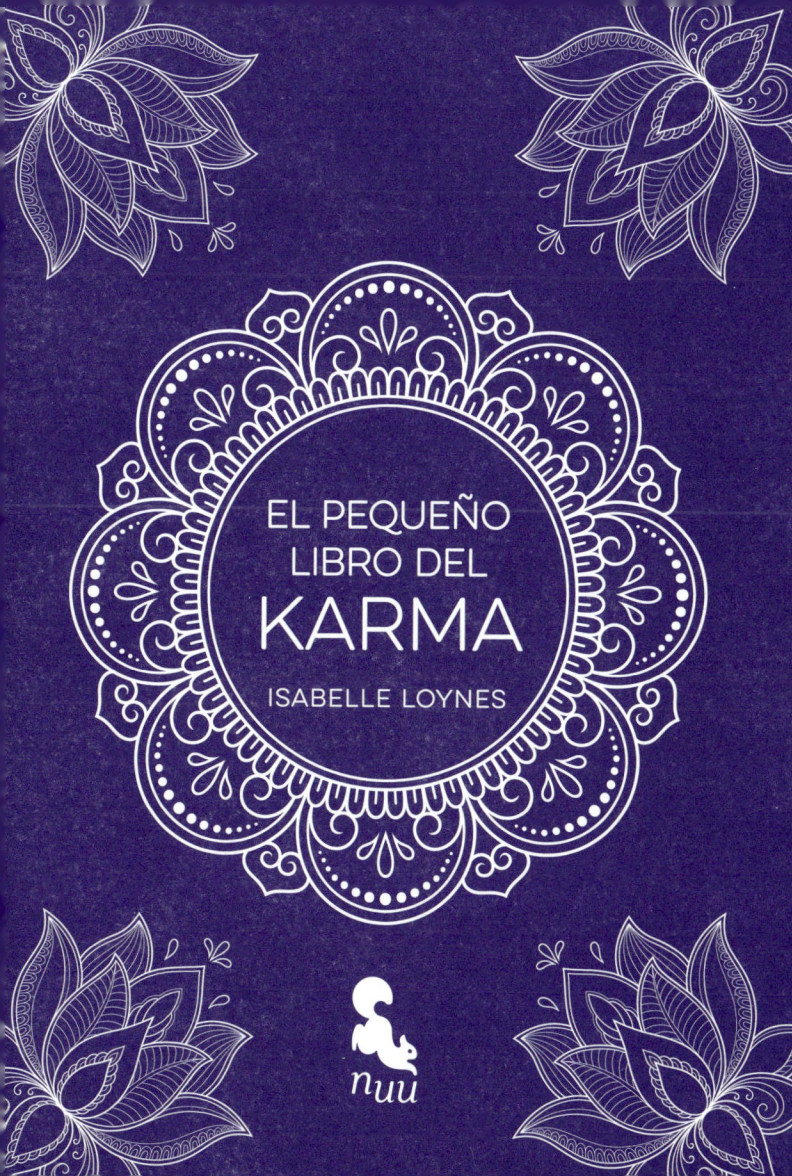

EL PEQUEÑO LIBRO DEL
KARMA

ISABELLE LOYNES

nuu

THE LITTLE BOOK OF KARMA
EL PEQUEÑO LIBRO DEL KARMA

Copyright © Summersdale Publishers Ltd, 2023

Edición original en lengua inglesa Summersdale Publishers Ltd. Part of Octopus Publishing Group Limited

Todos los derechos reservados, incluido el derecho de reproducción total o parcial en cualquier forma.

© Editorial Reverté, S. A., 2026
Loreto 13-15, Local B. 08029 Barcelona – España
revertemanagement.com

Fecha de publicación: mayo 2026

Edición en papel
ISBN: 979-13-88177-02-6

Edición en ebook
ISBN: 978-84-291-0035-8 (PDF)

Editores: Ariela Rodríguez / Ramón Reverté
Coordinación editorial y maquetación: Patricia Reverté
Revisión de textos: Mariló Caballer Gil
Imagen cubierta: Shutterstock.com.
Adaptación cubierta al español: Feriche Black

Estimado lector, con la compra de ediciones autorizadas de este libro estás promoviendo la creatividad y favoreciendo el desarrollo cultural, la diversidad de ideas y la difusión del conocimiento. Al no reproducir, escanear ni distribuir ninguna parte de esta obra por ningún medio sin permiso estás respetando la protección del copyright y actuando como salvaguarda de las creaciones literarias y artísticas, así como de sus autores, permitiendo que Reverté Management continúe publicando libros para todos los lectores. En el caso que necesites fotocopiar o escanear algún fragmento de este libro, dirígete a CEDRO (Centro Español de Derechos Reprográficos, http://www.cedro.or). Gracias por tu colaboración.

Impreso en España – Printed in Spain
Depósito legal: B 6796-2026
Impresión y encuadernación: Liberdúplex
Barcelona – España

158

CONTENIDO

INTRODUCCIÓN

El karma está profundamente arraigado en nuestra vida diaria. Utilizamos este concepto para explicar algunos acontecimientos sorprendentes, extraños o dramáticos que suceden en nuestro entorno. La idea de una presencia que todo lo ve, que lleva un registro de nuestras conductas y reparte recompensas o castigos en consecuencia, satisface nuestra necesidad de creer en un mundo justo y equitativo. Pero esta visión dista mucho de la antigua concepción espiritual del karma, que tiene más que ver con las leyes de la naturaleza que con un ser superior que nos esté viendo y juzgando.

Vivimos en un mundo futurista, rodeados de tecnología punta y, sin embargo, ahora, en nuestra búsqueda de la felicidad, somos muchos los que miramos hacia atrás y recurrimos a prácticas antiguas para desvelar el secreto de llevar una vida plena. En Occidente, el yoga, la meditación y el mindfulness son más populares que nunca y, ahora, también está en auge la práctica del karma.

Para quienes creen en él, el karma está a nuestro alrededor. Tanto si lo reconocemos como si no, es una fuerza tan presente como la de la gravedad. Comprender el karma es comprender nuestra propia suerte y nuestro destino, y el poder que tenemos sobre ellos. Ser conscientes de lo que proyectamos al mundo y de cómo eso influye en lo que recibimos puede ayudarnos a dar sentido a los misteriosos patrones que se repiten en nuestras vidas. Podemos utilizar el karma como una herramienta que nos empodera para irradiar una fuerza positiva, tanto a nosotros mismos como al mundo en general. Vivir según los principios kármicos establecidos en este libro te ayudará a sanar heridas del pasado, a equilibrar tu vida y a sentirte más motivado para afrontar el futuro.

CUANDO ENTIENDES
VERDADERAMENTE
EL KARMA, TE DAS
CUENTA DE QUE ERES
RESPONSABLE DE
TODO LO QUE SUCEDE
EN TU VIDA.

KEANU REEVES

CAPÍTULO UNO:
QUÉ ES EL KARMA

Las semillas del karma se encuentran en el budismo,
el hinduismo y el taoísmo, y esas antiguas religiones y
su interpretación del karma han influido a su vez en
el judaísmo, el islam y el cristianismo. Pero el karma
también ha llegado a tener su propio significado, al
margen de cualquier religión. Hoy en día, el concepto
del karma se ve plasmado por todas partes, desde en
el arquetípico villano de los cuentos infantiles hasta en el
inconcebible héroe que salva al mundo. Para comprender
cómo funcionan los principios del karma, tenemos
que remontarnos a su concepción original, hace más
de 3.520 años, en los antiguos textos religiosos védicos,
que dejan constancia escrita de ello por primera vez.

ORÍGENES

Karma proviene de la palabra sánscrita *karman,* que significa «acto». Fue utilizada por primera vez por el pueblo védico en sus textos entre los años 1000 y 700 a.C., aproximadamente. Alrededor del 1500 a.C., los vedas, un grupo de pueblos indoeuropeos, emigraron a la India desde Irán, y muchos de sus principios sentaron las bases del hinduismo. Sus textos religiosos, los *Vedas,* se refieren al karma como una acción ritual: había rituales buenos, que se realizaban correctamente, y rituales malos, que se realizaban de forma incorrecta. El hecho de que los dioses te recompensaran y bendijeran dependía de lo bien que realizases cada ritual. Yajnavalkya, un importante y antiguo sabio védico que vivió alrededor del 800-700 a.C., dijo que «un hombre se convierte en un ser bueno por sus buenas acciones, y en un ser malo por sus malas acciones». En aquella época no tenía ninguna connotación moral pero a lo largo de los siglos siguientes, las palabras de Yajnavalkya formarían los cimientos del karma tal y como lo conocemos hoy en día.

Los *Vedas* hacen referencia a un concepto llamado *apurva,* que es la creencia de que tus acciones, ya sean rituales o morales, siembran las semillas de lo que te sucederá en el futuro. Era un término utilizado para vincular las acciones morales cometidas en esta vida con las consecuencias —como ir al Cielo— que tendrán en la otra vida. En esta etapa, no se mencionaban las intenciones: el *apurva* estaba determinado únicamente por las acciones físicas. Sin embargo, a lo largo de los siglos siguientes, diferentes religiones desarrollaron este concepto para dotarle de nuevos y variados significados. A través del hinduismo, el budismo, el jainismo y el taoísmo, las ideas de *apurva* y *karma* evolucionaron hasta convertirse en un poder autónomo, controlado por sus propias leyes. Esto contrasta notablemente con el judaísmo, el cristianismo y el islam, donde la justicia es impartida por un dios que todo lo ve y que reacciona ante las acciones morales, en lugar de ser una reacción kármica inevitable de una fuerza de la naturaleza.

EL KARMA EN EL HINDUISMO

Los sacerdotes hindúes de la casta brahmán tomaron la noción védica del karma y el *apurva* y, a lo largo de los siglos siguientes, comenzaron a entenderlos como una fuerza eficaz por sí misma. El karma se estableció entonces como un poder autónomo controlado por sus propias leyes.

El karma complementa la creencia hindú de que la transmigración y el renacimiento llevan a la persona hacia la iluminación, o *moksha,* como también se denomina. Los hindúes creen que cada acto bueno o malo que una persona comete en su vida deja una huella en su alma. Cuando muere, esta huella determinará la próxima vida en la que renacerá: cuanto más positiva sea la suma de nuestras acciones, más positiva será nuestra vida siguiente. Este ciclo, o *samsara,* continúa hasta que el individuo ha aprendido todas las lecciones que necesita. Incluso podemos transmitir un buen karma a nuestros seres queridos cuando hayan muerto, a través de ofrendas y demás rituales, lo que potencialmente mejora su próxima vida.

EL KARMA EN EL BUDISMO

Cuando se estableció el budismo, alrededor del año 500 a.C., el concepto de karma ya existía. Pero mientras los hindúes veían el karma como algo relacionado con las *acciones* de una persona, los textos budistas daban más credibilidad a las *intenciones*. Para los budistas, el espíritu con el que se hace algo es más importante que la acción en sí. Por lo tanto, con este enfoque, no solo las acciones afectan a nuestro karma, sino también los pensamientos. Según la metáfora budista, sembrar semillas buenas o malas dará como resultado frutos buenos o malos. Para enseñar a los demás sobre el condicionamiento kármico que se produce a lo largo de la vida, Buda hablaba de las acciones de una persona como si fueran una herramienta que moldea su yo futuro. Cada intención esculpe la forma del futuro que puedes tener, y es por ello que los budistas son tan cuidadosos a la hora de tomar conciencia de sus actos y sus motivaciones. En el budismo, el mal karma puede seguir a una persona en su próxima vida, lo que a veces sirve para explicar por qué alguien parece tener una mala suerte eterna.

EL KARMA EN OTRAS RELIGIONES

El karma ha sido reconocido durante siglos en todo el mundo, en sus distintas vertientes y en diferentes religiones. Por ejemplo, el jainismo y el sijismo comparten muchos de los principios del karma con el budismo y el hinduismo. Sin embargo, en el jainismo, el karma es considerado como una entidad física, similar a partículas microscópicas que existen en el éter y que se sienten atraídas por nosotros en función de nuestras acciones. El karma de las malas acciones es como un contaminante que penetra en nuestro cuerpo y daña nuestra alma. En el jainismo, hay ocho tipos diferentes de karma que pueden adherirse a un alma y causar una serie de dolencias; por ejemplo, el Gyanavarniya, que impide que un alma tenga conocimiento.

Casi al mismo tiempo que se desarrollaba el budismo, el taoísmo —una creencia basada en vivir en armonía con la energía del universo— se hizo popular en China. En el taoísmo, el orden natural del universo es la clave, y un individuo no debe intentar alterarlo. Cualquier intento de forzar un resultado concreto sobre el orden natural provocará miseria en el individuo.

TODO ESTÁ CONECTADO

EL KARMA HOY EN DÍA

A pesar de sus orígenes, el karma ha cobrado nueva vida en su forma moderna y está en constante evolución, con religiones y culturas que se nutren mutuamente para comprender sus leyes místicas. Con un alcance geográfico y una historia religiosa tan extensos, no es de extrañar que el concepto del karma esté tan presente en nuestra cultura cotidiana. El «karma yoga», el principio hindú de realizar buenas acciones por los demás sin esperar nada a cambio, está arraigado en nuestro código de conducta universal, al margen de cualquier religión específica. Las reglas del karma son tan evidentes que, fieles a su naturaleza, parece que funcionen a nuestro alrededor.

En la ideología occidental, el karma se ha convertido en una especie de suerte, en una manera de inclinar la balanza a tu favor o de tranquilizar a alguien que ha sido víctima de la mala suerte. A medida que la cultura moderna renueva su interés por el espiritualismo antiguo, la palabra *karma* ha comenzado a aparecer por todas partes, desde las cuentas de Instagram de las Kardashian hasta los discursos de los políticos. Muchas celebridades e *influencers* creen y atribuyen su éxito al orden cósmico y su manifestación, ambos con sus raíces en el karma. Pero, a medida que el karma ha ido alejándose de la vertiente religiosa, algunas personas lo han malinterpretado, creyendo en la frase comúnmente utilizada, pero totalmente errónea, de que «el karma es una mierda».

Si aceptamos que el karma como concepto es reconocido en todo el mundo, entonces quizás debamos empezar a aceptar verdaderamente su existencia a nuestro alrededor. Para servirnos del karma de forma eficaz, primero debemos comprender cómo funciona. Las reglas del karma y los resultados que se derivan de seguirlas pueden darnos tranquilidad en nuestra conducta y proporcionarnos una herramienta de empoderamiento con la que alcanzar la felicidad, ayudar a los demás y lograr la satisfacción.

LOS ELEMENTOS
DE UN BUEN KARMA

Una buena actitud kármica se puede desglosar en los siguientes elementos. Al trabajar en estas áreas individuales, estarás trabajando en tu karma.

Amabilidad

La comprensión es fundamental en el budismo y en el karma. En primer lugar, intenta reaccionar con amabilidad ante cualquier situación. Cuanta más amabilidad transmitas, más amabilidad recibirás a cambio.

Gratitud

En el hinduismo, ser agradecidos es fundamental para rebajar nuestro ego, que —según nos enseñan algunas fábulas e historias antiguas— suele ser la fuente de las malas intenciones y las malas acciones. Dar las gracias por lo que tenemos nos impide caer en la tentación de forzar un cambio en nuestras circunstancias, lo que podría ir en contra del orden natural.

Positividad

En el taoísmo, la satisfacción ante la adversidad es el ejemplo definitivo de aceptación del orden natural y el flujo de la vida.

Dado que no podemos controlar el universo, podemos elegir controlar cómo lo afrontamos, empoderándonos para liberarnos de cualquier altibajo antinatural.

Manifestación

Si aceptamos que la energía atrae energía, podemos empezar a pensar en el tipo de energía que estamos atrayendo. Atribuirnos intenciones positivas, como si fueran una insignia, también nos atraerá un karma positivo, según los principios kármicos.

Perdón

Según el jainismo, el acto de perdonar es la máxima expresión de la armonía y ayuda a sanar la tierra. El perdón puede despojarnos de la carga negativa durante nuestro camino y, con él, cualquier karma negativo que pueda haberse adherido a nosotros.

Yoga o ejercicio físico consciente

Qi gong, yoga, tai chi... Sea cual sea la práctica, una actividad lenta con acciones deliberadas y conscientes ayuda a despejar la mente y nos coloca en un lugar positivo para que podamos comprometernos con los principios anteriores.

QUÉ NO ES EL KARMA

Aunque intentemos centrarnos en conseguir un buen karma, es crucial comprender que es exactamente el mal karma. El folclore indio, entre otras tradiciones, está repleto de historias sobre desastres naturales, mala salud y tragedias que caen sobre aquellos que tienen un mal karma, y esta actitud se ha instaurado en algunas esferas de la cultura dominante. Este tipo de culpabilización de las víctimas no va en consonancia con las intenciones morales positivas que el karma nos exige. Las religiones son complejas, al igual que las construcciones sociales y culturales que las envuelven, por lo que debemos ser cautelosos a la hora de elegir qué partes de la historia del karma damos por válidas. Esas antiguas referencias sobre traer mal karma a una persona contradicen el principio de las intenciones positivas necesarias para un buen karma. Por lo tanto, a efectos de este libro, dejaremos esos elementos negativos en el pasado y nos centraremos únicamente en las acciones positivas, aportando buena energía tanto para nosotros como para los demás.

EL KARMA Y EL EFECTO DE LAS ACCIONES

Para quienes creen en el karma, pocas cosas son pura coincidencia o actos aleatorios. Para ellos, los acontecimientos son el efecto de una acción realizada en esta vida o en una anterior. En lugar de sentirse frustrados o derrotados por el curso que toma la vida, las personas que creen en el karma entienden que los acontecimientos de la vida son reacciones lógicas que se deben aceptar y de las que hay que aprender. Si te golpeas el dedo del pie con una puerta, si pierdes ese ascenso que tanto deseabas o te traiciona alguien cercano, es posible que experimentes una sensación inmediata de injusticia, lo cual es natural, pero eres tú quien tiene el control sobre tu respuesta a largo plazo. En lugar de sentir que la vida te está pasando factura, puedes mantener la calma y decidir, pues tienes la opción de elegir cómo reaccionar. Cambiar nuestro enfoque nos llevará tiempo, pero la recompensa es vivir sintiendo que somos dueños de nuestras vidas, y sabiendo que podemos enfrentarnos a cualquier cosa que nos depare la vida, y aprender de ello.

LECCIONES KÁRMICAS

Si te estás iniciando en el tema del karma, es posible que sientas que la vida a menudo es caótica, injusta o impredecible. Pero, si miras más de cerca, a menudo hay temas comunes en nuestras vidas, o patrones recurrentes; es en esos momentos cuando el karma nos está instruyendo. El primer paso es detectar cuándo el karma está tratando de darnos una lección, sentarnos y prestar atención.

Afrontar los miedos

¿Eres una persona introvertida a la le gustaría subirse al escenario? ¿O, aunque sabes que no estás preparado para mantener una relación, te da pánico la soledad? El que constantemente te atraigan las situaciones que más temes quizá sea un intento kármico de liberarte de una fobia que te está atenazando. ¿Hay alguna forma manejable de desafiar esos miedos?

Patrones

Fíjate en esas situaciones que se repiten constantemente. Tanto si sales siempre con el mismo tipo de personas como si reincides regularmente teniendo un comportamiento negativo en el trabajo, puede parecer que tu vida sea un círculo cerrado que se repite. Intenta relacionarte con personas diferentes a las de costumbre o reacciona al estrés laboral de una manera totalmente opuesta a como sueles hacerlo. Aprende bien la lección y cambia tus acciones.

Señales de alerta

¿Crees que tu realidad vital supera ficción? Si a menudo te enfrentas a situaciones de peligro o dramáticas, o sueles tener pequeños accidentes, es posible que vayas por el camino equivocado. La vida no tiene por qué parecerse a una película de suspense. Ten en cuenta las señales de advertencia que estás pasando por alto y busca una ruta más segura.

Autocrítica

¿Sientes que no te gustan tus propios actos, pero no estás seguro de por qué te comportas así? Ignora tu voz crítica interior y, en vez de ello, intenta centrarte en las intenciones que hay detrás de tu comportamiento. En la mayoría de los errores hay una lección sobre cómo hacerlo mejor: sé amable contigo mismo mientras la aprendes.

LAS 12 LEYES DEL KARMA

Las 12 leyes del karma son tan antiguas como la vida misma. Son conceptos que se entrelazan en los textos hindúes y budistas, y que también se encuentran, de una forma u otra, en las escrituras, el folclore y los mitos de todas las culturas, formando un código universal tácito sobre cómo vivir.

1. La gran ley

Cosecharás lo que hayas sembrado. Cualquier pensamiento o energía que envíes al mundo te será devuelta, sea buena o mala.

2. La ley de la creación

Tú eres el dueño de tu propio destino. No esperes a que las cosas buenas lleguen a ti, sal y haz que sucedan. El poder de crear tu propia realidad está en ti.

3. La ley de la humildad

Debes aceptar las cosas tal y como son, incluidos tus defectos y los errores que hayas cometido. Es necesario que aceptes la situación actual si quieres cambiar tu futuro.

4. La ley del crecimiento

A medida que nos desarrollemos y cambiemos internamente, nuestra realidad externa también se desarrollará y cambiará.

5. La ley de la responsabilidad

Debemos reconocer el papel que desempeñamos en cualquier dificultad que experimentemos, en cómo tratamos a los demás e incluso en cómo nos tratan ellos a nosotros.

6. La ley de la conexión

Tu yo pasado, tu yo presente y tu yo futuro están interconectados; cada encarnación ha llevado a la siguiente.

7. La ley del enfoque

No podemos dedicar nuestra energía a dos cosas al mismo tiempo de manera eficaz. Cuando te concentras en una sola cosa, obtienes mejores resultados.

8. La ley de la generosidad y la hospitalidad

No basta con creer en las cosas buenas; hay que acompañar esas buenas intenciones con buenas acciones.

9. La ley del aquí y el ahora

Mantente centrado en el momento presente y en tu entorno. Conectarte con la energía del planeta te ayudará a vivir una vida significativa.

10. La ley del cambio

El universo te seguirá presentando la misma situación o el mismo problema hasta que cambies tu forma de reaccionar. Cuando tú cambies, la situación también cambiará.

11. La ley de la paciencia y la recompensa

Si trabajas y eres constante, aunque no veas los resultados de inmediato, obtendrás tu recompensa.

12. La ley de la importancia y la inspiración

Todas las personas son significativas a su manera. Tanto si son grandes como pequeñas, todas dejan su huella.

CÓMO TRATAS A LOS
DEMÁS ES TU KARMA;
CÓMO TE TRATAN
ELLOS ES EL SUYO.

LA NATURALEZA NO ES UN LUGAR POR EL QUE PASAMOS DE VISITA. ES NUESTRO HOGAR.

GARY SNYDER

CAPÍTULO DOS:
EL KARMA
Y LA TIERRA

En estos tiempos que corren, quizá no haya una señal más evidente del karma que nuestra relación con la Tierra. Nunca estamos lejos de un cartel, un anuncio o un programa de televisión que nos recuerde la importancia de mantener el equilibrio natural de la Tierra. Reconocer el mundo natural y respetarlo es clave para mantener el planeta en el que queremos vivir. Pero más allá de eso, para comprendernos a nosotros mismos, primero tenemos que comprender el ecosistema del que dependemos. En el siguiente capítulo se exponen algunos pasos prácticos y teóricos para iniciar una relación positiva y recíproca con la Tierra.

MANTENER EL EQUILIBRIO DE LA TIERRA

El ecologismo, un tema candente en la actualidad, ya se trataba en tiempos muy lejanos. Los textos védicos están llenos de referencias al equilibrio ecológico y al respeto por la tierra; incluso nos orientan sobre cómo cultivar y cosechar de manera que se mantenga el ecosistema. Por ejemplo, estaba prohibido talar árboles sin plantar otros nuevos. Hoy en día, a esto lo llamamos *reforestación*. En la época védica, simplemente formaba parte de sus creencias: debía prevalecer el equilibrio, y nada debía tomarse sin ser reemplazado. Para el pueblo védico, todo en la tierra es consciente y, como tal, debe ser respetado. Una de las leyes naturales que se debía seguir es este respeto mutuo e igualitario por un árbol, una vaca u otro ser humano.

Según los textos védicos, para recibir un buen karma, debemos cumplir varias obligaciones. Una de ellas es ser indulgente con todos los demás seres. Si logramos esto, todo en la vida funcionará bien. Si no es así, el equilibrio kármico se desestabilizará y veremos cómo van surgiendo los problemas.

Por otra parte, para obtener orientación kármica, podemos practicar el principio hindú de Ahimsa, o de la no violencia. Una vez más, esto requiere mostrar respeto por todos los seres vivos, porque para los hindúes cada *atman,* o ser consciente, es parte de su único dios verdadero, Brahmin. Por lo tanto, si dañas a un animal también estás dañando a dios. Aunque quizá no compartas las creencias religiosas, estos pilares fundamentales del karma pueden ayudarnos a comprender cuál debe ser nuestra relación con la naturaleza. Desde esta perspectiva veremos que, según el equilibrio kármico, cada agresión que hagamos al medio ambiente es también una agresión hacia nosotros mismos. El camino hacia el *moksha,* la consecuencia de un final feliz o un buen karma, implica asumir la responsabilidad de nuestras acciones, incluyendo cómo tratamos al planeta en el que vivimos.

ACTUAR

El karma se basa en el principio religioso del *dharma*, también conocido como el único orden natural cósmico, ético y natural, tal y como se menciona en el hinduismo, el budismo, el jainismo y el sijismo. Si el *dharma* funciona eficazmente, los mecanismos naturales del mundo funcionan en armonía, como una máquina bien engranada. Si no es así, surge el caso, el *adharma*, los sistemas se desencajan y se rompe esa armonía.

Plantéate esta cuestión: ¿Crees que la madre naturaleza hace funcionar sus sistemas en total equilibrio? ¿O ves desarmonía en el mundo que te rodea?

Las religiones dhármicas tienen un nombre especial para las oportunidades de cambio que se producen en el momento oportuno: «las puertas del dharma», una puerta de entrada para devolver la vida a su orden natural. Ahora, bien podríamos estar viviendo la apertura de una de las mayores puertas del *dharma* jamás conocidas. El enorme desafío del cambio climático podría verse como una oportunidad para restaurar el *dharma*. Imagina cómo sería eso: restaurar el equilibrio de la Tierra, del clima, de las estaciones, de los hábitats de los animales. La idea es que el karma positivo puede ayudarnos a crear una Tierra que vuelva a moverse en ciclos predecibles, que sea tan hospitalaria con nosotros como nosotros lo somos con ella. Porque, según los budistas, el medio ambiente no está separado de nosotros. Nosotros somos el medio ambiente. Estamos tan vinculados a una hoja de un árbol como a nuestra propia familia y, por lo tanto, tenemos el mismo nivel de responsabilidad hacia él. Del mismo modo que escuchamos a nuestra pareja o a un miembro de nuestra familia cuando están enfermos, deberíamos escuchar la sabiduría de un campo árido o la de un árbol quemado.

Según la causa y el efecto del karma, nunca es demasiado tarde, y ningún resultado está ya escrito en piedra. Por lo tanto, una acción pacífica y definitiva, que inspire a quienes nos rodean, puede crear una fuerza positiva de cambio en nuestras comunidades locales. Incluso pequeños cambios bien intencionados pueden tener un amplio alcance. En este capítulo encontrarás algunas sugerencias sobre cómo cambiar nuestras intenciones kármicas de cara al planeta.

KARMA DEL CONSUMIDOR

Nos inclinamos naturalmente a valorar los vínculos emocionales por encima de las cosas materiales y, sin embargo, la mayoría de nosotros tenemos mucho más de lo que necesitamos. Cuando convivimos con otras personas que tienen muy poco, se rompe el equilibrio natural en el que se basa el karma y reina la discordia. Cuando teniendo menos lo apreciamos más, demostramos al universo que comprendemos el valor de las cosas. Esta gratitud será recompensada por el karma.

En realidad, es bastante probable que ya tengamos todos los objetos que necesitamos: ropa, utensilios de cocina, libros... Entonces, ¿por qué seguimos comprando? La potente industria publicitaria intenta —y consigue— hacernos sentir mediocres, crearnos la necesidad de consumir para que nos veamos —y nos vean— más atractivos, inteligentes o interesantes. En realidad, nada que se pueda pagar con dinero nos hará sentirnos más completos. Debemos comprar de forma más consciente, no solo por nuestro propio bienestar, sino por el bien de nuestro planeta, que ya está sobrecargado. Antes de tu próxima compra, hazte estas preguntas:

- ¿Por qué me voy a comprar esto? ¿Es una necesidad o un capricho? Si es un capricho, ¿por qué lo compras? Intenta aceptarte tal y como eres, sabiendo que eres tal y como la naturaleza te ha creado.

- ¿Qué consecuencias tiene el que lo compre? Por ejemplo, otro par de pantalones cuando tu armario ya está lleno conlleva que tengas menos espacio y, al fin y al cabo, se convertirá en otro artículo más en nuestros vertederos, que ya están desbordados.

- ¿Puedo permitírmelo? Gastar sin precaución va en contra del principio kármico de actuar con buena intención. Sufrirás consecuencias económicas si no aceptas la realidad de tu saldo bancario.

- ¿Se puede evitar? Si te organizas, guardas cada cosa en su lugar —para tenerlo todo localizado— y compartes con los demás aquello que usas menos, evitarás tener que comprar continuamente.

- ¿Hay otra opción? Por ejemplo, la bicicleta, el transporte público y compartir coche son opciones más baratas y respetuosas con el medio ambiente que comprar un coche. Quizás también podrías alquilar un vestido para ir a una boda en lugar de comprar uno que solo te pondrás una vez.

EL CICLO DE LAS COSAS

Has usado algo, lo has disfrutado y ahora que ya no lo necesitas, lo tiras. Ese artículo que te ha sido útil ampliará las interminables pilas de basura que contaminan nuestro planeta. No podemos conservarlo todo, pero podemos intentar que nuestras acciones tengan un mayor equilibrio kármico. Así que, antes de tirarlo a la basura, pregúntate...

- ¿Conozco a alguien que pueda utilizarlo?

- ¿Puedo darle otro uso? Una lata usada se convierte en una maceta, un tarro de mermelada se convierte en una ensaladera... En las páginas siguientes encontrarás algunas ideas para reutilizar objetos.

- ¿Podría adoptar una forma diferente? Por ejemplo, la porcelana astillada puede convertirse en un bonito mosaico una vez rota, y la ropa dañada se puede cortar y convertir en tapices.

- ¿Adónde irá a parar? Si te olvidaste de poner una lata en el contenedor de reciclaje, ese instante en el que te encoges de hombros y vuelves atrás para arreglarlo es una oportunidad para ganar buen karma.

REUTILIZAR

Mejora tu relación con el medio ambiente siguiendo estas sencillas ideas para dar nueva vida a objetos viejos. Ayudarás al planeta y a tu cuenta bancaria, pero también atraerás karma positivo al demostrar que valoras lo que recibes.

Jardín

Arreglar tu espacio exterior es una gran oportunidad para reutilizar objetos que, de otro modo, acabarían en la basura. Los neumáticos viejos son excelentes maceteros, al igual que los cubos, las ollas esmaltadas e incluso las botas de agua. Las botellas de vino, enterradas boca abajo, crean bordes llamativos y baratos. Si guardas los corchos de las botellas de vino, puedes partirlos en pedazos y utilizarlos como mantillo; retienen la humedad y pueden ser excelentes para tus plantas y macetas.

Espacio habitable

Las latas pintadas son excelentes cuberteros. Las hueveras son ideales para guardar adornos o perfectas para plantar las semillas de tus plantitas. Las cajas de pañuelos vacías te permiten guardar de forma ordenada las bolsas de la compra, y las bolsas de cereales son muy útiles para los bocadillos.

Muebles

Si no puedes donarlos, es posible que tus objetos rotos o que ya no quieres tengan aún algún uso. Por ejemplo, los respaldos de las sillas de madera se pueden reutilizar como estanterías; los cajones de una cómoda rota se pueden convertir en cajas de almacenamiento. Hay miles de ideas en sitios web, como Pinterest.

Dormitorio

Las sábanas deshilachadas pueden pasar a ser servilletas o incluso cuadros decorativos si se recortan las partes más deterioradas. De la ropa rota se pueden sacar tiras de hilo para proyectos de manualidades, y los calcetines desparejados son excelentes para limpiar el polvo o la suciedad, además de que se pueden convertir en bolsitas de lavanda. Con la tela de un paraguas roto puedes hacer una bolsa impermeable para las pinzas de tender o una bolsa reutilizable para la compra.

Donar

La basura de una persona es el tesoro de otra. Las escuelas, guarderías y clubes de manualidades suelen necesitar desesperadamente cosas como vajilla rota, cajas de cartón y tubos de los rollos de papel higiénico o de cocina. En casa, merece la pena disponer de un espacio específico para guardar estos artículos, y se convertirá en un hábito.

EL ENTORNO DOMÉSTICO

Para tener una vida feliz, saludable y próspera, nuestra atención debe centrarse inmediatamente en el lugar donde pasamos la mayor parte de nuestro tiempo, en nuestro hogar. La energía y las fuerzas kármicas que actúan en nuestro espacio personal son las más significativas. Debemos cuidar nuestro hogar para que él nos cuide. Para ello, debemos realizar las tareas domésticas con atención y con un espíritu de cuidado, en lugar de considerarlas como una carga, disfrutando de las pequeñas tareas bien hechas. Las reparaciones y el mantenimiento son algo prioritario: el que una silla que no se ha arreglado nos cause una lesión es una reacción kármica de consecuencias naturales. Busca nuevas formas de reutilizar todo lo que puedas y valora la función de los objetos de tu hogar, no solo su aspecto. Eihei Dogen, maestro zen japonés del siglo XIII, escribió que cuando meditamos, incluso el espacio que nos rodea se ilumina. Cuanto más llenemos nuestros hogares de calidez, amor, cuidado y creatividad, más nos irradiarán esos sentimientos.

CRECIMIENTO

La ley del karma es muy similar a las leyes de la naturaleza: un desequilibrio aparentemente menor puede conllevar enormes consecuencias. Mantener el equilibrio ecológico de nuestro planeta redunda en nuestro propio interés, pero también forma parte de nuestra razón de ser. En los textos védicos, se afirma que todas las especies del planeta son responsables de mantenerse unas a otras. Asumir esa responsabilidad con seriedad y encontrar nuevas formas de apoyar la ecología que nos rodea mejorará la sostenibilidad de nuestra especie y, a su vez, de su ecología. Aquí tienes algunas formas sencillas de ayudar a prosperar a nuestras especies vecinas...

- Investiga las especies en peligro de extinción de tu zona y cultiva plantas específicas para ayudarlas. Algunas plantas, como la vara de oro, pueden albergar hasta a 115 especies a la vez.

- Utiliza productos de jardinería libres de químicos para proteger la vida silvestre.

- No cortes el césped hasta finales de la primavera para proteger las plantas con polen para los insectos.

- Evita comprar plásticos de un solo uso.

- Cultiva plantas que favorezcan a los polinizadores para proporcionar néctar a los insectos.

- Hazte voluntario en una organización dedicada a la vida silvestre para ayudar a conservar las especies.

- Cuando salgas y dispongas de cinco minutos libres, recoge la basura que te vayas encontrando.

- Empieza a hacer compost para devolver a la tierra los nutrientes de tus restos de comida.

- Si tienes espacio, planta más árboles o arbustos, ya que ayudan a limpiar el aire a tu alrededor.

- Cultiva tus propias verduras en lugar de comprarlas. Muchas zonas cuentan con programas para compartir parcelas si no dispones de espacio exterior propio.

- Aunque vivas en una zona urbana, la apicultura puede ser un pasatiempo gratificante y ecológico.

- Pon colmenas, comederos para pájaros y hábitats para insectos en tu jardín para ayudar a la fauna silvestre.

- Haz un huerto para alimentar a la fauna silvestre.

- Evita hacer áreas pavimentadas: aumentan las inundaciones e impiden que el agua vuelva al suelo.

- Construye un pequeño estanque para proporcionar un hábitat a la fauna silvestre.

- No utilices césped artificial, ya que reduce el hábitat de la fauna silvestre e introduce sustancias químicas potencialmente dañinas en la tierra.

INSPIRAR A OTROS

Los grandes líderes empresariales saben que el cambio se inspira, no se impone. A la gente no le gusta que le den lecciones. Si tenemos una actitud prepotente o paternalista, es muy probable que creemos rechazo en los otros en lugar de ganarnos su apoyo. Hay muchas formas de alentar a quienes nos rodean a que se involucren en la protección del medio ambiente. Recordando los ingredientes clave para el buen karma —positividad y amabilidad—, intentemos inspirar sin presionar. Con el buen ejemplo animaremos a otros a que nos sigan, ya sea rellenando una botella de agua reutilizable, llevando nuestra propia bolsa al supermercado o promocionando marcas ecológicas. Mostrar respeto es el primer paso para inspirar respeto a los otros. Para ello, puedes presentar ideas para resolver problemas a tu familia o a tu círculo social; por ejemplo, el uso compartido del coche, un grupo de wasap para reciclar artículos o, incluso, comprar de forma conjunta artículos caros para compartirlos. En lugar de criticar a los demás por el impacto ambiental de su dieta, adopta una actitud positiva, como planificar una salida en grupo a un restaurante vegano o vegetariano.

TODOS SOMOS ANIMALES

Las culturas y religiones que valoran el karma comparten un profundo respeto y responsabilidad hacia el reino animal. Sabiendo que algún día pueden renacer como uno de ellos, los budistas y los hindúes mantienen una actitud no violenta hacia los animales y sus hábitats. Esta disposición les ayuda a mantener el buen karma. Recordando que la intención es lo que cuenta, podemos dar unos pasos concretos y seguir el ejemplo de otras personas:

- Sé consciente del hábitat de los animales y evita causarles daño. Por ejemplo, los farolillos de papel o los globos que se lanzan al cielo pueden acabar en un campo de pastoreo de vacas u ovejas y causarles lesiones mortales.

- Respeta la comida que hay en tu plato. Los animales han dado su vida, no tomes más de lo que necesitas para no malgastar su energía y su vida.

- Considera la posibilidad de hacerte vegano o vegetariano si aún no lo eres. No todo el mundo puede abstenerse por completo, pero puedes intentarlo durante un día o dos a la semana. Cuanto mayor sea el reto, mayor será la recompensa kármica.

- No dañes innecesariamente a los insectos que entren en tu casa, intenta sacarlos suavemente al exterior.

OPTIMISMO TERRENAL

El cambio trae nuevas oportunidades. Los budistas creen que el cambio es una parte esencial del crecimiento y, por lo tanto, aceptan los cambios, por muy arriesgados que parezcan, como oportunidades positivas. Si afrontas un cambio con esta actitud, las fuerzas kármicas te concederán naturalmente más cambios positivos. Las preocupaciones por la naturaleza pueden resultar abrumadoras, pero si intentamos solucionar el problema con la actitud adecuada, podremos obtener recompensas inesperadas. Por ejemplo, ser respetuosos con el medio ambiente puede, inesperadamente, regalarnos el ahorrar dinero o mejorar nuestra salud. Las innovaciones en prácticas ecológicas podrían dar lugar a sistemas más rápidos y eficaces que respalden nuestro modo de vida, mejorando, por tanto, nuestra calidad de vida.

Como siempre ocurre con el karma, cuanto más positivas y desinteresadas sean nuestras intenciones al hacer algo, más positivamente se nos tratará más adelante. Fomentar la recogida de basura en tu comunidad puede traerte un nuevo amigo, o incluso una pareja, además de hacer que tu entorno inmediato sea más agradable. Crear un mejor ecosistema en tu jardín puede ayudarte a descubrir un pasatiempo —uno que ni siquiera se te había pasado por la cabeza— o, por qué no, una nueva aventura empresarial.

Debemos creer que el cambio es posible, sin importar cuán grande parezca el problema. Las fuerzas de la población mundial, actuando de forma conjunta, pueden crear el equilibrio kármico que necesitamos. En los textos védicos, la importancia de la gratitud es primordial. Se nos anima a comenzar cada día con gratitud incluso por las cosas más insignificantes que recibimos. Esa gratitud, a su vez, atrae una mayor prosperidad. Fomenta la compasión y la gratitud en tu entorno y crearás una fuerza positiva que no solo beneficiará a quienes te rodean, sino también a las generaciones futuras.

HAZ ALGO BUENO
Y OBTENDRÁS
ALGO BUENO

CAPÍTULO TRES:
EL KARMA
Y TU COMUNIDAD

Si todos estamos conectados, como nos recuerdan tantos textos antiguos, entonces el karma nunca puede ser realmente una experiencia individual. Los hindúes creen que debemos vivir según tres principios rectores: la conexión con la naturaleza, la conexión con el universo o un dios superior y, lo que es más importante, la conexión con los demás.

Tanto si son compañeros de trabajo, del gimnasio o personas con las que te encuentras en el parque, a menudo formamos parte de comunidades compuestas por individuos cuya convivencia no hemos elegido. Y es fácil olvidar nuestro sentido de la responsabilidad hacia aquellos que no son amigos o familiares. Pero la intención lo es todo, así que utiliza estas páginas para reflexionar sobre tu intención hacia tu comunidad y cómo eso podría estar afectando a tu karma actual.

APRENDER DE LA HISTORIA

Existe una buena razón para que la caridad sea fundamental en todas las religiones que siguen las reglas del karma. Los hindúes creen que la caridad, o *dana,* es importante porque todos los seres vivos poseen *atman* (ver página 29). Ser caritativo con los demás es, en esencia, ser caritativo con Dios. Pero no es necesario ser religioso para seguir este principio. Somos una especie que, a pesar de nuestras diferencias, siempre tenemos más cosas en común que las que nos separan, y compartimos un propósito específico. No importa a qué religión pertenezcamos o en qué cultura vivamos, el deseo de amar y ser amados nos une a todos. En este sentido, todos los seres humanos compartimos un corazón similar, impulsado por las mismas ambiciones y deseos.

Por lo tanto, si a cada corazón que encontramos lo tratamos con cuidado y empatía, también estaremos cuidando nuestros propios corazones, mejorando nuestro entorno e inyectando más amor en el espacio que habitamos. Las religiones kármicas comparten la creencia de que la fealdad que vemos en el mundo nace de la inclinación humana hacia la codicia y el egoísmo. Su antídoto es la caridad. Creen que nos purifica, nos limpia y restaura el buen karma. Seamos religiosos o no, podemos reconocer cómo los actos egoístas han destruido relaciones, comunidades locales y también el medio ambiente en general. Por ejemplo, quienes se dejan la basura en la playa la convierten en un entorno inhóspito tanto para los seres humanos como para los animales. Pero el acto altruista de organizar una recogida de residuos en la playa no solo la restaura, sino que une a las personas y crea un sentimiento de responsabilidad dentro de la sociedad. Además, ¿quién sabe si de ello pueden surgir otros actos de caridad?

YOGA KÁRMICO

El yoga kármico proviene del *Bhagavad Gita,* la escritura hindú que se remonta a los siglos II y V a.C. Según este texto, hay cuatro escuelas de yoga que ayudan a una persona a encontrar su *moksha,* la liberación espiritual. Estas son Jnana (conocimiento o autoestudio), Bhakti (devoción), Raja (meditación) y Karma (acción).

En sánscrito, *yoga* significa simplemente unir y no tiene necesariamente nada que ver con la práctica de ejercicios yóguicos. El yoga kármico es el proceso de trabajo desinteresado por el bien de los demás, devolviendo el karma positivo al individuo. La virtud está en la acción y en la intención con la que se realiza, más que en el resultado en sí.

Este enfoque tiene mucho a su favor. Gran parte del estrés que sufrimos hoy en día se debe a las expectativas que tenemos sobre los resultados y a la creencia de que podemos controlarlos, para luego descubrir, con frustración, que no es así. Esta actitud nos deja a muchos atrapados en un ciclo angustioso dirigido a los beneficios y los resultados. Intenta cambiar tu enfoque para centrarte en la acción en lugar de en el resultado. Por ejemplo, si quieres organizar un evento benéfico, comprométete a organizarlo y afronta el día con buenas intenciones. No te marques un objetivo sobre cuántas personas quieres que vengan o cuánto te gustaría recaudar. En su lugar, cuando termine el acto, debes tener claro que has practicado el karma yoga; independientemente del resultado, ha sido un éxito. El karma yoga requiere que te entregues y aceptes que lo más importante es que lo que intentes hacer lo hagas de todo corazón.

Fíjate en tu comunidad, asume la responsabilidad que te corresponde y aplica el yoga kármico cuando sea necesario. Si realmente dispones de poco tiempo, en este libro encontrarás muchas acciones rápidas de yoga kármico que puedes incorporar a tus rutinas diarias —al ir al trabajo, cuando vas a pasear al perro, etc.—. Incluso una simple sonrisa, un saludo con la mano o un «hola» pueden ser una fuerza del bien. La acción desinteresada de aportar energía positiva al mundo te será recompensada.

DÉJATE LLEVAR
POR LA CORRIENTE.
NO LUCHES CONTRA
ELLA. NO TE RESISTAS
A NADA. DEJA QUE
LA VIDA TE LLEVE.
NO INTENTES
LLEVARLA TÚ.

OPRAH WINFREY

QUIÉNES CONFORMAN
TU COMUNIDAD

Tras la pandemia del Covid-19, muchos nos dimos cuenta de que hay comunidades enteras viviendo a nuestro lado en las que antes apenas nos habíamos fijado. Nuestra calle o nuestro bloque de apartamentos son nuestra comunidad; la escuela o el centro religioso al que estamos vinculados pueden ser nuestra comunidad; en la vida moderna, también solemos formar parte de una amplia comunidad online. A pesar de todos sus defectos, internet es la comunidad de muchas personas que no tienen ninguna en otros lugares. Tanto online como en la vida real, hay muchísimas personas comprometidas que realizan trabajos comunitarios: basta con mirar el tablón de anuncios del ayuntamiento o moverse por las redes sociales. Entonces, la primera acción de yoga kármico consiste en tomar conciencia de estas fuerzas positivas que se mueven a tu alrededor y del bien que hacen, y pensar en cómo empezar a participar en esa acción kármica.

CINCO MINUTOS DE KARMA COMUNITARIO

Compras. Ve a los comercios locales en lugar de a las grandes superficies para comprar. Recurre a los pasteleros, carniceros o artesanos locales, en lugar de a los gigantes de internet. Puede que eso te lleve más tiempo, así que organízate y planifica el mes para poder encargar aquello que necesites.

Charla trivial. Un simple saludo puede, con el tiempo, convertirse en una amistad. Entabla una conversación para ir familiarizándote con esas caras que te encuentras día a día en la cafetería. Aunque empecéis con una charla trivial sobre algún tema comunitario, podéis acabar descubriendo que tenéis más en común de lo que os imaginabais.

Pulcritud. Limpia y embellece tu jardín y tu terraza, planta algunas flores en ese pequeño espacio que da a la calle. Estar orgulloso de tu entorno es algo contagioso, y lo que un encantador jardín delantero puede llevar a hacer a los otros no tiene límites. De repente, toda tu calle puede convertirse en un lugar más atractivo.

Empezar o dejar. Adopta un pequeño hábito para mejorar tu comunidad: para empezar, podrías rellenar el dispensador de agua del gimnasio, sacar la basura de tus vecinos o responder a una pregunta en un foro online. Quizá debas dejar de estar pegado al móvil y empezar a saludar a la gente, o dejar de aparcar tu coche de forma desconsiderada.

Compartir. ¿Has cocinado demasiado? ¿Tienes una bicicleta, una cama elástica o un aparato de gimnasia que ya no utilizas? Ofrécelo a tu comunidad, podría serle muy útil a algún vecino. Si adquieres el hábito de compartir lo que tienes, las personas que te rodean harán lo mismo y te beneficiarás de la amabilidad ajena.

Patrocinar. No necesariamente con dinero, sino con tiempo. ¿Hay algún novato en el trabajo que está desorientado? Asume la responsabilidad de darle un poco de orientación adicional. Quizás un niño de tu calle siempre juega al fútbol solo y le vendría bien jugar un partido con otros niños. Dedica cinco minutos de tu tiempo a alguien de tu barrio.

COMUNIDADES QUE TRABAJAN JUNTAS

En todo el mundo, grupos de personas se unen por una causa común, conscientes de que somos mucho más fuertes cuando trabajamos juntos.

EE. UU. En la ciudad de Akron, Ohio, los vecinos de un barrio querían celebrar su diversidad, por lo que abrieron un espacio de reunión multicultural y un alojamiento vacacional, dando a la gente la oportunidad de conocer las diversas religiones, culturas y etnias de su barrio.

Inglaterra. Los vecinos de un barrio de Devon se han constituido como patrocinadores de refugiados sirios. Además de acoger a los refugiados, les ayudan a acceder a los servicios locales, como escuelas, asistencia sanitaria y clases de idiomas. Muchos refugiados trabajan ahora en la comunidad, devolviendo así el favor a quienes les ayudaron.

Bali. La comunidad es el núcleo de la cultura balinesa en el día a día, pero aún más en los momentos difíciles. Cuando alguien fallece, cientos de personas de las aldeas locales acuden para ayudar a organizar el funeral y apoyar a la familia en duelo.

Italia. Quizá recuerdes algunas imágenes que salieron en las noticias durante la pandemia del Covid-19: vecinos de toda Italia organizaban actuaciones de música y baile, a las seis de la tarde, en los balcones de sus apartamentos. Estas actividades diarias fueron un gesto espontáneo para levantar el ánimo de la gente durante el confinamiento.

China. En Shanghái, entre los modernos edificios de apartamentos y las construcciones tradicionales se han levantado huertos comunitarios en los que las diferentes comunidades pueden reunirse y compartir sus inquietudes.

Australia. Cuando se produjo un aumento de la delincuencia en los alrededores del Hospital Alice Springs, la comunidad local creó su propio sistema de vigilancia vecinal, por turnos vigilaban diferentes zonas, de modo que los pacientes del hospital no tuvieran que preocuparse por su seguridad.

Noruega. Los noruegos tienen una palabra específica para el trabajo comunitario: *dugnad* es el día en el que todos trabajan juntos para alcanzar un objetivo común. Por ejemplo, apoyar una campaña benéfica para el equipo de fútbol de sus hijos, limpiar el barrio o replantar el parque. El *dugnad* puede ser cualquier día y con cualquier propósito, pero se espera que todos participen.

JUNTOS PODEMOS LOGRAR
LO QUE SEPARADOS
SOLO HABRÍAMOS SOÑADO.

PASOS PARA EL KARMA COMUNITARIO

- Elige una comunidad. Para empezar, céntrate en una comunidad de la que ya formes parte y sobre la que desees saber más, o quizá en la que más ayuda necesite.

- Establece un modo de comunicación. Comprueba en las redes sociales o en internet si en tu barrio ya tienen una red establecida para practicar tus aficiones, actividades de ocio, etc. Si no es así, crea una.

- Únete a la red. Intenta ser un miembro activo: conoce a los otros y tómate tu tiempo para escuchar sus experiencias antes de lanzarte a la acción.

- ¿Qué quieres o necesitas? Identifica los problemas o deseos que tengan en la comunidad e intenta ser honesto. Lo ideal es plantear una reunión en tu comunidad, enviar mensajes sobre un tema concreto o hacer una encuesta informal.

- Ve más allá de lo establecido. Anima a tu comunidad a que propongan formas de abordar los problemas, ¡no temas ser ambicioso!

- La intención antes que el resultado. Si tanto tú como tus vecinos estáis realmente motivados y comprometidos con la causa, la recompensa os llegará.

CURAS KÁRMICAS

En las comunidades suelen surgir problemas. Pequeños pasos pueden solucionar esos baches.

Soledad

Establecer un modo de comunicación para los vecinos que se sienten solos y organizar eventos según sus intereses. El trabajo comunitario, como el cuidado de las zonas públicas, es una forma de relacionarse y sentirse parte de un equipo.

Prosperidad

Establecer una red de productores locales puede dar un impulso significativo a las empresas de tu barrio. Por ejemplo, realizar eventos temáticos en los restaurantes locales podría favorecer el aumento de sus ingresos y, a la vez, serían situaciones propicias para la activar la vida social.

Comportamiento antisocial

Es importante identificar las causas de este tipo de comportamientos e introducir soluciones específicas. Entre otras opciones, estas son algunas acciones positivas para problemas negativos: montar clubes juveniles para adolescentes aburridos, instalar contenedores de basura donde sea necesario o pedir a los niños que diseñen carteles con eslóganes ingeniosos.

Falta de instalaciones

Cuando las comunidades se unen, se pueden lograr resultados extraordinarios. Averigua cómo se conceden fondos o financiación en tu ayuntamiento. Haz las solicitudes oportunas, asiste a los plenos municipales y moviliza a tu comunidad.

Beneficios añadidos

Amplía tus expectativas sobre qué se puede lograr. ¿Se puede articular un sistema de intercambio para cuidar a los niños y beneficiarse de un servicio gratuito? ¿O crear un puesto de comida variada para compartir las diferentes culturas?

Compartir habilidades

Quizás en tu barrio se podría establecer el «intercambio de habilidades»: un profesor podría dar clases particulares a un estudiante a cambio de un corte de pelo, o un decorador podría pintar una pared a cambio de ayuda para crear su página web.

Salud y bienestar

Cuidar nuestra salud no debería costar una fortuna. Crea un huerto comunitario para que tus amigos puedan beneficiarse de algunos productos orgánicos; en el trabajo, organiza una sesión de yoga durante la pausa para comer; o introduce un pequeño jardín zen en tu espacio comunitario.

KARMA ONLINE

Es fácil caer en el error de ver las interacciones digitales como simulaciones carentes de ese elemento humano que hace que las conexiones en la vida real sean tan tangibles. Pero debemos luchar contra ese instinto de ignorar a las personas como si vivieran dentro de una pantalla y recordar que se aplican las mismas reglas de la comunidad. ¿Cómo puedes mejorar tu comunidad online de la misma manera que lo haces en tu calle? ¿Cómo podrías cultivar un entorno más amable en tus redes sociales? Aplica las mismas reglas de comunidad que acabamos de explorar a tu presencia online. ¿Podrías crear un grupo para personas con aficiones o intereses similares? En la vida real, si vieras a alguien con dificultades, intervendrías; así que haz lo mismo en el mundo digital. Sé un mentor, un amigo, y anima a las personas con las que te encuentras en internet. Contribuirás a instaurar un entorno más enriquecedor del que tú y los demás os beneficiaréis mutuamente.

CÓDIGO DE CONDUCTA
DEL KARMA EN LÍNEA

Antes de publicar algo online, piensa en...

1. **El contexto.** Las palabras suenan diferentes en blanco y negro a cuando las decimos en nuestra mente. Sin tono, contexto o lenguaje corporal, las palabras pueden volverse mucho más acusatorias, o incluso peligrosas.

2. **El público.** En internet no hay forma de saber quién va a leer lo que escribimos. Imagina que tu jefe o un familiar lee todos esos comentarios en tono de broma que escribes en internet, porque es algo muy factible. Intenta imaginar cómo envejecerá tu comentario con el tiempo y evalúa si podría afectar a tus oportunidades o tus relaciones futuras.

3. **Ofensa.** ¿Podría ofender a alguien eso que has escrito? Si es así, y no te importa, debes preguntarte por qué. Nuestra intención nunca debe ser causar daño, solo puede ser aportar positividad al mundo.

4. **Privacidad.** ¿Estás compartiendo información privada sobre ti o sobre alguien que conoces? No compartas en un sitio web información que no compartirías con un desconocido de la calle. El actuar de forma responsable te garantiza recibir el mismo trato.

TRANSFERENCIA DE MÉRITOS

En muchas culturas indias, y dentro de las tradiciones budistas, existe el concepto de transferir tu propio buen karma a otra persona, viva o muerta. La transferencia de méritos se aplica a los que han fallecido dejando regalos u ofrendas; o, a los vivos, dirigiendo pensamientos intencionados hacia ellos. Aunque hay un importante contexto religioso y cultural detrás de este principio, es un enfoque que vale la pena para cualquiera que quiera llevar una vida kármica. Pero realmente depende de que primero hayas logrado un buen karma. Solo cuando hayamos seguido los principios kármicos, tendremos esa positividad en nuestro interior y podremos dirigirla a los demás. La transferencia de méritos es un poco como el día de la cosecha. A algunos les parecerá un concepto descabellado, pero en realidad es algo que practicamos cada día. Desde la despedida improvisada en un correo electrónico con nuestros mejores deseos, hasta el «pienso en ti», la frase habitual que utilizamos cuando algún conocido nuestro está pasando por un momento difícil, deseamos karma positivo a los demás casi todos los días. ¿Qué pasaría si, en lugar de limitarnos a decir estas cosas por inercia, enviáramos realmente, de forma intencionada, buenos deseos?

Esto también te beneficiará a ti. Tu propio buen karma aumentará, en lugar de disminuir, al transferirlo a otra persona. Hay un antiguo proverbio indio que explica esto: una vela que se utiliza para encender otras velas no pierde intensidad. Intenta practicar el enviar buenos deseos a alguien que los necesite y siente la calidez de la felicidad que le has transmitido.

LA FORMA EN QUE
TRATAMOS AL MUNDO
CUANDO NADIE NOS
VE DICE MUCHO
DE NOSOTROS.

CAPÍTULO CUATRO: EL KARMA Y LAS RELACIONES

La forma de energía más poderosa y palpable es el amor. Basado en una atracción que trasciende lo físico, hacerse un nuevo amigo o un amante puede sentirse como una fuerza magnética. Para aquellos que creen, el karma une las almas, a lo largo de múltiples vidas, para aprender lecciones kármicas. Por lo tanto, cuando se trata de relaciones, nada es pura coincidencia. ¿Quizás has sentido los efectos del desequilibrio kármico en alguna de tus relaciones? En este capítulo exploraremos la sabiduría ancestral en torno a las conexiones kármicas y cómo los enfoques prácticos y cotidianos pueden hacer que nuestras relaciones sean saludables, felices y equilibradas.

¿Nos hemos conocido antes?

Para muchas religiones, el karma es parte integral de la reencarnación, y las almas permanecen en la misma unidad familiar durante las diferentes vidas en las que nacen. Por lo tanto, o bien renacemos en la misma familia, quizás con un papel ligeramente diferente, o bien nos casamos con alguien de esa familia. Según esta línea de pensamiento, tu hermano puede haber sido alguna vez tu padre, ¡o incluso tu marido!

La razón de esto, para quienes creen en ello, es que nuestro karma no es solo individual, sino que puede ser compartido por un grupo. Una unidad familiar puede haber elegido un camino concreto que ha atraído karma negativo; el karma del grupo se repetirá entonces hasta que todos los miembros hayan aprendido la lección. Quizás una familia prioriza la competitividad por encima de la conexión, o no presta atención a un problema con el que está luchando uno de sus miembros. Según el karma, ese ciclo se repetirá hasta que se rompa.

Esto también se conoce como «deuda kármica», en la que una familia debe pagar, con buenas acciones kármicas, la deuda de una vida anterior que quizá no se vivió de forma tan reflexiva. La deuda kármica no es necesariamente mala, simplemente está ahí. Para los budistas, hindúes y jainistas, casi todo el mundo tiene algún tipo de deuda kármica que debe reequilibrarse y, esencialmente, es algo constructivo. Es una lección que aprender, un patrón que romper y que te acercará un paso más al *moksha*.

Aunque no creas necesariamente en el principio de la iluminación, es posible que estos principios kármicos te ayuden a alcanzar el equilibrio en tus relaciones. El equilibrio es como un engranaje que gira, en el que todo funciona como debe, sin altibajos extremos ni períodos intensos de drama. Tener un buen karma en las relaciones es sentirse realizado, amar a los demás y ser amado a cambio.

EQUILIBRAR
EL KARMA FAMILIAR

Es fácil pensar que las familias de los demás son perfectas, pero el karma nos enseña que todas las familias tienen un elemento kármico que necesita ser reequilibrado. Ya sea una pelea jugando al Monopoly cada Navidad o la incapacidad de abrirse a aquellos con los que deberías tener más cercanía, todos podríamos trabajar distintas áreas para mejorar. Algunas familias se enfrentan a problemas mucho más graves. Los patrones repetitivos de comportamientos destructivos, como las adicciones, pueden seguir apareciendo en las líneas familiares, pero eso no significa que siempre tenga que ser así. Tú podrías ser el cambio que tus antepasados han estado esperando, sanando las heridas kármicas para que las próximas generaciones de tu familia se liberen del mismo trauma. Tómate en serio esta responsabilidad y podrás restaurar el karma positivo, acercando a toda tu familia y beneficiándote no solo tú, sino incluso tus futuros hijos.

Paso 1. Detecta. Echa un vistazo atrás para adquirir una nueva perspectiva personal sobre tu unidad familiar y observa los patrones que se repiten. Quizás coincidan con historias familiares de tus abuelos o infancias pasadas. ¿Existe un tema recurrente?

Paso 2. Diagnostica. Tal vez hayas detectado un tema, como una competitividad extrema. ¿Cómo ha afectado esto a tu familia? Por ejemplo, ¿sois incapaces de mostrar vuestras debilidades ante los demás?

Paso 3. Descifra. Averigua la causa. Por ejemplo, ¿esta competitividad proviene de un comportamiento aprendido, de una baja autoestima o de una mezcla de ambos? Si te cuesta desentrañarlo o el problema es especialmente grave, busca la ayuda de un terapeuta familiar.

Paso 4. Ejemplifica y dale la vuelta al tema. Los viejos hábitos son difíciles de cambiar, así que empieza a romperlos ahora mismo. Por ejemplo, demuestra lo que significa ser un buen deportista, feliz de perder un partido. Si la competitividad se cuela en una conversación, ofrece a la persona la validación que busca reconociendo algún logro importante que haya alcanzado.

Paso 5. Comprométete. Haz un pacto para repetir este proceso tan a menudo como te sea posible. Acepta que las cosas no cambiarán de la noche a la mañana y que afrontarás los retos que vayan surgiendo.

HAY PERSONAS QUE CREAN SUS PROPIAS TEMPESTADES Y, DESPUÉS, SE ENFADAN CUANDO LLUEVE.

ANÓNIMO

RELACIONES TÓXICAS

¿Alguna vez has pasado por una relación en la que te sentías atraído magnéticamente por una persona a pesar de saber que no era la adecuada para ti? ¿En la que sentías como si algo más fuerte que tú te estuviera obligando a estar junto a ella, con unos lazos que parecían imposibles de romper? Esos sentimientos pueden ser el resultado de estar en una relación kármica. Para aquellos que creen en ello, se trata de una unión en la que dos almas se encuentran repetidamente, en vidas recurrentes, hasta que aprenden una lección. Inevitablemente, se atraerán una y otra vez hasta que rompan algunos patrones.

El enfoque kármico de las relaciones consiste en ser consciente de los patrones poco saludables, lo que puede evitar que vuelvas a caer en relaciones tóxicas y, por lo tanto, te permita alcanzar el equilibrio. Para aquellos que no creen en la reencarnación, este enfoque ofrece muchos principios prácticos que pueden aportarles cierta claridad.

ALMAS GEMELAS VS ALMAS COMPAÑERAS

Muchos de nosotros queremos encontrar a nuestra alma gemela. Pero ese deseo de sentir algo intenso puede llevarnos a establecer relaciones poco saludables. Desde pequeños se nos dice constantemente que el amor debe ser inmediato y absoluto. Pero el karma y su búsqueda del equilibrio dicen lo contrario. La idea de un alma compañera, una persona con la que estamos destinados a estar, o de un alma gemela, la otra parte de nuestra alma dividida en dos, se ha popularizado en la cultura moderna. Aunque esto puede confundirse fácilmente con la intensidad de las parejas kármicas, aquellas personas que llegan a nosotros para ponernos a prueba. Esto se debe a la idea errónea de que la intensidad en una relación es romántica.* Adopta un enfoque kármico en tus relaciones: observa los patrones, aprende las lecciones, restablece el equilibrio y, si es necesario, sigue adelante.

---

* Cualquier relación que implique abuso físico o emocional no tiene nada que ver con el karma.

LA VIDA ES
UN BOOMERANG:
LO QUE DAS,
LO RECIBES.

¿ESTÁS EN UNA RELACIÓN KÁRMICA SIN RESOLVER?

Presta atención a estas señales inequívocas de que tu relación es para que aprendas una lección, no es para toda la vida.

Conexión instantánea. No se trata de una conexión sexual, sino de una sensación inmediata de que algo os empuja a estar juntos. Es posible que apenas hayáis hablado, que no os atraigáis mutuamente o que no entendáis el interés que os despierta la otra persona. Cuanto más tiempo pasas con ella, más se intensifica la emoción: un odio o un amor extremos, sin término medio.

Adicción. Como esa caja de bombones que no puedes dejar de comer, no te cansas de esa persona, por muy tóxica sea en algunas ocasiones. Empiezas a dejar de lado tus responsabilidades, no respondes a tus amigos y quieres pasar cada momento que sea posible con ella, a pesar de que esos momentos no te aportan necesariamente paz o felicidad.

Extremos. Se dan unos altibajos difíciles de seguir. Nunca te aburres, pero siempre estás lleno de amor, odio, ira, disgusto o lujuria. A medida que luchas por seguir el ritmo de esa montaña rusa y la adrenalina que te provoca, empiezas a sentir los efectos del estrés en tu cuerpo. Esto se manifestará en forma de ansiedad, enfermedad o más irascibilidad de la normal.

Drama. ¿Estás constantemente poniendo al día a tus amigos de los últimos acontecimientos de tu telenovela amorosa? Quizás te resulte difícil recordar dónde empieza y termina una anécdota concreta con tu pareja porque siempre hay un nuevo titular. Quizás estés interpretando un papel exagerado que no es realmente el «tuyo», pero que te resulta imposible dejar de ejercer.

Corazonada. En el fondo, a pesar de la dopamina que te proporciona ese melodrama, sabes que algo no funciona. No te sientes seguro con esa persona y probablemente nunca lo has estado. A pesar de la intensidad y del tiempo que pasas con ella, una parte de ti sabe que no acabaréis juntos. Fantaseas con romper la relación, pero te cuesta mucho dar ese paso.

CÓMO LIBERARTE
DE UNA RELACIÓN
KÁRMICA NEGATIVA

Muchos de nosotros nos hemos sentido atrapados en una relación negativa con una pareja dramática o con un amigo tóxico, y nos hemos sentido impotentes para cambiarla. El no tomar cartas en el asunto solo reforzará ese ciclo dañino. Tienes el poder de elegir con quién te rodeas. Estos sencillos pasos te ayudarán.

Etiqueta. Identifica las etiquetas incorrectas y elige otras nuevas. No son tu alma gemela, son una lección kármica. El drama no es romántico, es tóxico. Una vez que te hayas dado cuenta de que estás en una relación kármica, empezarás a comprender que debe terminar.

Acepta. Es fácil volver a los patrones familiares, por muy destructivos que sean. Incluso las relaciones tóxicas tienen sus momentos felices y divertidos, y es muy tentador utilizarlos como excusa para justificar los malos momentos. Acepta que el cambio ha de llegar y resígnate a él.

Asume tu responsabilidad. Sin tu participación, este drama no seguiría desarrollándose. ¿Cómo lo alimentas? Debes reconocer tu papel en la relación y cómo refuerzas o atraes a la otra persona.

Aprende. Da un paso atrás, o pide la opinión a un amigo de confianza. ¿Qué lecciones puedes aprender? Escribir un diario puede ser una forma útil de explorar cómo funciona el equilibrio de poder en tu relación. Las lecciones kármicas suelen ser complejas: asegúrate de haber entendido el mensaje completo, no solo un fragmento.

Lucha. Apaga la llama. Será difícil romper la adicción de inmediato, por lo que quizá sea necesario que te alejes durante un tiempo. Esto te resultará incómodo, pero recuérdate a ti mismo que no va a ser algo eterno.

Comunícate. Para lograr el equilibrio kármico, debes explicar con tranquilidad por qué necesitas liberarte. No es necesario que sea en persona, pero debe ser una comunicación pensada con cuidado. Recuerda que esa persona no es tu enemiga y que no deseas causarle ningún daño. El objetivo es liberarte con delicadeza, permitiéndole explorar sus propias lecciones kármicas.

BUEN ROMANCE KÁRMICO

Antes de aceptar una nueva relación, especialmente si nos estamos recuperando de una relación kármica problemática, debemos tomar algunas medidas para reequilibrarnos y poder recibir el buen karma de una unión positiva. En primer lugar, haz un balance de cualquier bagaje del pasado que puedas llevar encima, para que no se repitan los antiguos patrones kármicos. A continuación, cuando conozcas a alguien, escúchale. Si te dice que no quiere nada serio, créele; si dice que es malo en las relaciones, escúchale. Hay una inevitabilidad kármica cuando ignoras estos mensajes. Es posible que una persona no se revele de inmediato tal y como es, así que sigue observándola y escuchándola antes de lanzarte. No dejes que la atracción anule tu intuición. Comprueba su karma antes de aliarte con ella. ¿Habla amablemente de los demás y con los demás? Por último, actúa con integridad para fomentar lo mismo en quienes te rodean. ¿Quieres que la gente sea directa contigo? Entonces también debes serlo tú.

OTRO TIPO DE AMOR

Pasamos mucho tiempo pensando en nuestras relaciones románticas, pero a menudo son nuestra familia y nuestros amigos quienes nos aportan más consuelo, apoyo y fiabilidad en la vida. Esperamos mucho de esas relaciones sin darles siempre prioridad, lo que crea un desequilibrio kármico. Debe haber equilibrio en todas las relaciones, porque los conflictos suelen surgir cuando las personas se sienten infravaloradas, ignoradas o menospreciadas.

Si queremos sentirnos reconocidos y valorados, debemos ofrecer lo mismo a los demás. Existe el dicho de que «a veces la confianza da asco». Parece ser cierto que a veces nos comportamos peor con quienes más nos quieren. Dadas las reglas del karma, ese comportamiento nos será devuelto. Por lo tanto, debemos asumir la responsabilidad de cómo tratamos a los demás, sabiendo que tiene un resultado directo en lo que recibimos. En las próximas páginas hay algunos métodos prácticos y sencillos que te ayudarán a construir relaciones kármicas positivas.

AMA CORRECTAMENTE

Piensa lo que vas a decir. Imagina que un día te regalan un libro con todo lo que le has dicho a tus seres queridos. ¿Cómo te sentirías al leerlo? Imagínate esto antes de abrir la boca y plasmar esas palabras en el papel.

Di lo que sientes. Nuestros sentimientos nos provocan reacciones, especialmente los que no expresamos. Di que te sientes herido en lugar de tragártelo y responder con comentarios pasivo-agresivos o con bromas maliciosas. Libérate de los sentimientos negativos y de sus futuras consecuencias.

Demuestra tu amor. Los pequeños gestos pueden significar mucho. Compra a tu madre su tableta de chocolate favorita cuando vayas a verla, o recoge unas flores de tu jardín para un amigo. No es el objeto en sí, es el hecho de que hayas pensado en ellos lo que realmente importa.

¿Qué quieres? ¿Te gustaría que tu hermano escuchara tus preocupaciones en lugar de restarles importancia? Pues hazlo con los demás. Dales lo que necesitas y fíjate si empiezan a seguir tu ejemplo.

Sé indulgente. No marques unas expectativas poco realistas sobre lo que alguien puede ofrecerte. Intenta reflexionar sobre todas las veces en las que probablemente no pudiste hacer exactamente lo que alguien necesitaba, a pesar de haberlo intentado con todas tus fuerzas. Recuerda: con el karma, la intención lo es todo.

Nuevos comienzos. Dejar atrás los errores del pasado ayudará a ambas partes a seguir adelante con una mentalidad diferente. Los rituales de purificación, como quemar salvia o practicar el mindfulness con ejercicios de respiración, pueden ayudaros a seguir adelante.

Cambia tu entorno. Ten cuidado a la hora de tener conversaciones serias y potencialmente conflictivas en tu espacio doméstico. Muchas de estas conversaciones pueden dejar estancada a tu alrededor una energía negativa, y puede crear mal karma en tu hogar.

Actúa de forma diferente. El karma es una fuerza inevitable e invisible. No repitas la misma acción y esperes un resultado diferente. Imagínate actuando con un nuevo enfoque antes de que surja la misma situación.

MEDITACIÓN METTA

También conocida como meditación del amor bondadoso, metta es un tipo de meditación budista que se centra en enviar bondad y energía positiva a los demás. Los budistas pueden dirigir la meditación metta a un familiar enfermo o a un amigo cercano en un día importante, pero es igualmente probable que la dirijan hacia alguien con quien han tenido una interacción negativa. Encontrar a personas negativas con deseos positivos es una herramienta poderosa que nos beneficiará tanto a nosotros como a la persona negativa. Las personas enfadadas, frustradas o descontentas son más propensas a actuar de forma negativa, descortés o egoísta. Queremos evitar eso. Después de una interacción difícil en el trabajo, de una conversación frustrante con un amigo o de una discusión molesta con un ser querido, la meditación metta puede proporcionarte un baño de buena voluntad. Evitará que los sentimientos negativos te persigan y te dará una explosión positiva de amor para restablecer tus intenciones.

CÓMO REALIZAR LA MEDITACIÓN METTA

1. Ponte cómodo, respira profundamente por la nariz y entra en un patrón de respiración lenta y profunda.

2. Mientras respiras, imagínate que el aire baja hasta tu estómago y te llega hasta los dedos de los pies.

3. Elige una frase positiva en la que concentrarte: por ejemplo, «Estoy a salvo», «Soy suficiente», «Confío en el universo».

4. Repite la frase una y otra vez, tratando de sentir realmente las palabras que estás diciendo. Puede resultarte útil imaginar una sensación cálida que viaja desde tu corazón y se extiende por todo tu cuerpo.

5. Ahora centra tu atención en alguien a quien quieras dar metta, o amor bondadoso, y sigue repitiendo la frase. Puedes cambiar la frase en función de lo que esa persona pueda necesitar ese día. Por ejemplo: «Ahmed se siente seguro y tranquilo hoy», o «Charlotte está ilusionada con su futuro».

6. Sigue repitiendo la frase para otras personas. Es posible que tengas una emoción negativa si intentas dirigir la frase hacia alguien que ha actuado negativamente contigo. Imagina por un momento que estás en su cuerpo, cómo se siente él o ella. Continúa hasta que esa emoción negativa se haya pasado y sientas compasión.

EL KARMA ES
LA FUERZA INVISIBLE
CON LA QUE CONSTRUYES
TU FUTURO.

CAPÍTULO CINCO:
EL KARMA Y EL
CUIDADO PERSONAL

Somos responsables de nuestra felicidad. Es una afirmación bastante atrevida y que, a un nivel profundo, puede ser difícil de aceptar realmente. Ser capaces de utilizar el karma depende de que comprendamos sus principios y vivamos acordes con ellos. Por supuesto, hay acontecimientos que están fuera de nuestro alcance, pero incluso los acontecimientos negativos pueden manejarse de forma positiva. Es la diferencia entre elegir el camino de la destrucción después de un momento difícil o elegir el camino de la recuperación. En estas páginas te desafiamos a que te conozcas a un nivel más profundo y a que aprendas el arte del autocuidado kármico.

¿QUIÉN ERES?

¿Qué es lo que te hace ser tú? Es la eterna pregunta que desde la antigüedad los guías espirituales y religiosos han explorado profundamente intentando encontrar la respuesta. Los budistas tratan de separar su yo de sus deseos, mientras que los hindúes se refieren al *atman*, el yo eterno que transita por la reencarnación. En la cultura moderna hablamos del alma como el espíritu de lo que somos, pero hoy en día, con todas las distracciones a las que nos enfrentamos, es posible que muchos de nosotros ni nos hayamos parado a pensar dos veces en qué es. Pasamos, si tenemos suerte, setenta u ochenta años en estos cuerpos, pero es posible que nunca lleguemos a saber realmente quién los controla.

Una persona tiene distintas voces internas. Está el ego, que quiere cosas y puede llevarnos a acciones codiciosas y comportamientos egoístas. Luego está la voz crítica, que, lamentablemente, suele ser la que más escuchamos. Puede decirnos que no somos estupendos, que necesitamos ser más atractivos, más exitosos, más interesantes. Luego está la intuición, que nos dice, con un profundo conocimiento, que aceptemos una oferta de trabajo o que rechacemos una invitación. Cuanto más ignoramos ese sentimiento instintivo, menos podemos identificarlo. Se vuelve un eco débil, un ligero susurro, ahogado por el mundanal ruido. Y con tantas voces diferentes, no es de extrañar que muchos de nosotros entremos en conflicto para saber cuál de ellas es realmente nuestro «yo». La respuesta es que todas lo son: un coro de tonos imprescindibles, pero que deben mantenerse en sintonía.

El reto consiste en conocerte a ti mismo, en comprender qué te motiva, qué carga puedes estar arrastrando y qué es lo que realmente deseas. Solo cuando sepas todo eso podrás comprender más profundamente qué intenciones hay tras tus acciones y cómo están afectando a tu karma.

CONOCERTE A TI MISMO

Para acceder al potencial del autocuidado kármico, necesitarás abrir algunas vías de comunicación con tu verdadero yo. Escribir un diario puede ser el primer paso. Cuando escribimos cosas, se activa una parte del cerebro que nos ayuda a procesar la información, por lo que es un hábito ideal para plasmar cualquier emoción fuerte que te cueste entender. Si nunca has escrito un diario, quizá te parezca algo abrumador, pero comprométete a convertirlo en una rutina, para ello es recomendable que lo dejes en un lugar donde lo puedas ver fácilmente. Es importante que te tomes tu tiempo y te asegures de estar en un buen estado mental para conectar con tus pensamientos. Por lo tanto, quizá sea mejor que te pongas en ello después de un buen baño o al salir del gimnasio, en lugar de cuando estás agobiado entre tareas. Una vez que te hayas acostumbrado a usar tu diario con regularidad, empezarás a recurrir a él instintivamente cuando más lo necesites.

CÓMO ESCRIBIR UN DIARIO

Escribir un diario es como hacer un inventario de nuestros sentimientos. Es importante ser sincero, no juzgar y concentrarse en las emociones más que en los acontecimientos.

Si nunca antes has explorado tus pensamientos más íntimos, es posible que empiecen a aparecer algunos asuntos sin resolver del pasado. No les tengas miedo, pero tómatelos en serio y, si es necesario, acude a un terapeuta o consejero. La terapia no tiene nada de autoindulgente. Si no sabes por dónde empezar, prueba con alguna de estas sugerencias.

- Si tienes una emoción fuerte, ¿cuál es? ¿Cuándo has sentido esa emoción antes?

- ¿Cómo puedes separar tus emociones del comportamiento de los otros?

- Si alguien te describiera, ¿qué diría? ¿Cómo te describirías tú? ¿Cuál es la diferencia?

- ¿Qué te hace sentir emociones fuertes cuando estás con tus seres queridos?

- Aproximadamente, ¿qué necesitas en tu vida?

- Escribe una carta a alguien que forme parte del inicio de un problema sin resolver.

TRES TIPOS DE KARMA

En los textos védicos y el hinduismo, se suelen distinguir tres tipos diferentes de karma relacionados con el yo. Aunque tu perspectiva no sea la religiosa, hay mucho que aprender aquí de cómo pensamos sobre nuestro pasado, cómo afrontamos nuestro presente y cómo abordamos nuestro futuro. Hay una inevitable aceptación del pasado con la que debemos reconciliarnos, una responsabilidad por nuestro presente que debemos asumir y una promesa para nuestro futuro que debemos cumplir.

1. Karma maduro, *Prarabdha.*

Este karma es el resultado de algunas acciones de nuestras vidas anteriores y actuales, acciones del pasado cuyo impacto quizá aún no hayamos notado. Aunque no podemos cambiar el pasado y su inevitable karma, sí que podemos tomar consciencia de comportarnos de manera diferente en el futuro. Por ejemplo, si tiendes a dejar el trabajo para el último momento y te ves obligado a correr para cumplir con los plazos marcados, como resultado tu jefe decide no asignarte un proyecto importante. Esto puede ser consecuencia de tu karma maduro. Si es así, reconocer este hecho puede ayudarte a identificar tu patrón de comportamiento en situaciones como esta.

2. Karma acumulado, *Sanchita.*

Es el karma que tenemos guardado y que da forma a nuestro presente. No se puede evitar ni cambiar, porque el karma ya se ha manifestado. Una consecuencia en tu vida puede ser, por ejemplo, que te apresures a terminar un trabajo para cumplir con un plazo y sepas que contiene errores. Aunque sientes un alivio inmediato al entregarlo, sabes que tendrá sus consecuencias más adelante, como tener que rehacerlo. Entiendes que este karma tiene que ser vivido y aceptado.

3. Karma futuro, *Agami.*

Este es el karma que generamos a partir de nuestras acciones actuales; es lo que habitualmente nos viene a la mente cuando hablamos del karma, ya que, al estar aún en desarrollo, permanece bajo nuestro control. Por ejemplo, tu jefe comete un error y te asigna una tarea con un plazo muy ajustado. Tendrás que trabajar hasta tarde para disponer del tiempo suficiente para cumplir con el plazo, pero tienes planes para esa noche. ¿Qué haces? El karma futuro consiste en comprender una encrucijada como esta y las implicaciones de cualquier acción que decidas tomar.

EL MUNDO TE VERÁ
COMO TÚ TE VES A TI
MISMO Y TE TRATARÁ
COMO TÚ TE TRATAS
A TI MISMO.

BEYONCÉ

CUIDAR EL FUTURO

Un icono parpadea en el salpicadero de tu coche indicándote que lo lleves al taller. Lo ves y te prometes que lo mirarás «más tarde», ya que hoy estás demasiado ocupado. Al día siguiente, y al siguiente, te haces la misma promesa. Sabes que hay que hacerlo, pero parece que nunca que tienes tiempo para ello. Llegado el día del gran evento, tu coche se avería y te quedas tirado en la cuneta esperando a que llegue esa costosa grúa.

Nuestros sistemas internos funcionan igual que cualquier otro mecanismo: necesitan actualizaciones y atención, o dejarán de funcionar. Las señales de advertencia también están siempre presentes en nuestro cuerpo, solo tenemos que prestarles atención.

Sentirse agobiado, agotado o desconectado son señales de que no has estado escuchando a tu cuerpo. El efecto kármico de este descuido puede ser bastante grave a largo plazo. Damos por sentado lo increíble que son nuestros organismos, y luego nos enfadamos con nosotros mismos cuando nuestros sistemas —nuestros cuerpos— dejan de hacer lo que queremos que hagan. Para poder ser amables con el planeta, con nuestra comunidad o incluso con nuestros seres queridos, tenemos que aprender a ser amables con nosotros mismos. Solo cuando actuamos de manera feliz y saludable como individuos podemos empezar a abordar nuestro enfoque kármico hacia los demás. En los mensajes de seguridad de los aviones hay una analogía: se nos dice que nos pongamos nuestras propias mascarillas de oxígeno antes de ayudar a los demás con las suyas.

Son nuestros cuerpos los que deben marcar el ritmo de nuestras vidas, no a la inversa. Las personas descansadas, tranquilas y satisfechas toman mejores decisiones, por lo que, antes de poder actuar verdaderamente de forma kármica, debemos crear un sistema saludable en nuestro interior.

CUIDAR DE UNO MISMO
ES EL PRIMER PASO
MÁS ADECUADO PARA
CUIDAR DE LOS DEMÁS.

MOMENTOS DE CUIDADO PERSONAL

Respiración. Algunos científicos afirman que hemos olvidado cómo respirar correctamente. La respiración óptima proviene del pecho, con inhalaciones lentas y profundas, pero cuando el cuerpo entra en pánico hace lo contrario. Debido a los entornos estresantes en los que vivimos muchos de nosotros, la respiración rápida y superficial que antes era una respuesta a la ansiedad es ahora nuestra forma habitual de respirar, por lo que nuestro cuerpo se queda en estado de pánico y le falta de oxígeno. Antes de intentar reequilibrar tu karma, debes aprender a respirar: inhala por la nariz, lenta y profundamente, como si estuvieras inflando el abdomen, y luego exhala lentamente por la boca.

Diálogo interno. ¿Cómo se expresa tu voz interior? ¿Es positiva o negativa? Si no te gusta tu tono, cámbialo reeducando al cerebro con algunas frases nuevas. Todos los días, tal vez mientras realizas tu rutina matutina o vespertina frente al espejo, ensaya nuevas formas de hablarte a ti mismo. Repite mantras que quieras sentir: soy lo suficientemente bueno, soy fuerte, voy a tener un buen día.

Combustible. Al igual que tu automóvil, necesitas el combustible adecuado. No se trata de dietas o modas, sino de escuchar a tu cuerpo. Dedica una semana a observar cómo te sientan diferentes alimentos; incluso puedes llevar un diario sobre la alimentación. El sistema digestivo tiene su propio karma inevitable (confusión mental, hinchazón abdominal, cansancio, etc.) al que debemos escuchar.

Recompensa. ¿Es ese «capricho» azucarado realmente lo que tu cuerpo necesita? ¿O te sentaría mejor una siesta o un masaje? Tenemos que replantearnos nuestra concepción de lo que es una recompensa: no se trata de una idea genérica de un capricho, sino de algo diseñado solo para ti. Cambia esa ruta de bares por acostarte temprano si eso es lo que tu cuerpo realmente necesita.

Decir «no» u «hoy no». Los límites son importantes, especialmente si hay personas en tu vida que esperan demasiado de ti. Piensa en lo que consideras que es una demanda razonable y lo que no, y responde en consecuencia. Ser sincero suele ser la mejor opción.

SEIS PILARES
DEL CUIDADO PERSONAL

La salud, la felicidad y el éxito comienzan con el cuidado de uno mismo, y eso también tiene un valor kármico. Si estamos estresados, infelices o insatisfechos, somos menos amables con los demás, y atraemos el karma negativo hacia nosotros mismos. Cuídate, sabiendo que esto tendrá un impacto positivo en tu karma futuro. Hay seis áreas diferentes de cuidado personal que debes satisfacer para cuidarte a ti mismo.

1. **Emocional.** En nuestras ajetreadas vidas, es fácil que nos olvidemos de prestar atención a nuestros sentimientos, lo que puede llevarnos a desconectar de nosotros mismos. Pregúntate cómo estás hoy y cómo te sientes. Intenta procesar y reflexionar realmente sobre tus emociones. La terapia, escribir un diario y la meditación son herramientas útiles para ello.

2. **Práctica.** Es muy fácil posponer las cosas para otro día, pero lo único que conseguimos con ello es acumular dificultades para nuestro yo futuro. Mantenerte al día con tus tareas administrativas evita sorpresas desagradables. Dedica tiempo a revisar tus listas de tareas pendientes, organizar citas y ordenar tus gastos según tus prioridades y tu presupuesto.

3. **Física.** Dormir lo suficiente, hidratarte, hacer ejercicio y llevar una dieta equilibrada para mantenerte en forma puede parecer algo obvio, pero muy pocos lo conseguimos la mayoría de los días. Esto es lo mínimo que necesita tu cuerpo.

4. **Mental.** La estimulación no es lo mismo que la ocupación. Tu cerebro es un sistema increíble, pero debes ejercitarlo para revelar su verdadero potencial. Hacer rompecabezas, crucigramas o leer un libro son excelentes maneras de ejercitar tu mente.

5. **Social.** No tienes que acudir a todos los eventos a los que te inviten, más bien todo lo contrario. Intenta incluir en tu agenda uno o dos eventos sociales significativos cada semana que fortalezcan tus vínculos con las personas que más te importan.

6. **Espiritual.** La espiritualidad no tiene por qué estar relacionada con la religión, más bien se trata de conectar con uno mismo y con el mundo que nos rodea. Aceptar tu lado espiritual significa dedicar tiempo a reflexionar sobre cosas que te superan, a través de la meditación, los paseos por la naturaleza o la lectura espiritual.

YOGA PARA
EL CUIDADO PERSONAL

La gente lleva practicando yoga desde hace unos cinco mil años, y sigue siendo la mejor forma de conectar con nuestro cuerpo. Cuando estamos en armonía con nuestro cuerpo, conectamos con la intención que hay detrás de nuestras acciones y, por lo tanto, somos más capaces de controlar nuestro karma. El yoga no es una competición para ver quién es más flexible, conoce más posturas o luce la mejor ropa deportiva. El yoga es un viaje hacia nuestro interior. Intenta hacer menos posturas, pero de forma más significativa, dominando realmente la respiración y el estiramiento antes de añadir otra. Aquí tienes una combinación sencilla que puedes probar y luego ampliar. Dedícale algo de tiempo, aunque solo sean cinco minutos al día para empezar. Ponte de pie sobre una esterilla o una toalla y empieza a respirar lentamente para calmar y preparar tu cuerpo.

Montaña

Ponte de pie con las piernas separadas a la anchura de las caderas y los pies paralelos. Levanta los dedos de los pies, separándolos suavemente, antes de volver a colocarlos en el suelo uno a uno, con cuidado de no tambalearte. Imagina que levantas las rodillas, apretando suavemente los muslos mientras metes el coxis hacia dentro. Coloca las manos a los lados con las palmas abiertas. Inhala y endereza la columna vertebral. Exhala y baja los hombros lentamente.

Flexión hacia delante

Desde la postura de la montaña, inhala y levanta los brazos por encima de la cabeza. Baja lentamente los brazos y desplaza las caderas hacia atrás mientras te inclinas hacia delante, llevando el pecho hacia el suelo. Mantén la columna lo más recta posible y sigue inclinándote hasta que los dedos toquen el suelo —utiliza bloques si no llegas—. Inhala para relajar un poco el estiramiento y exhala para sentirlo. Puedes sujetar ligeramente cada brazo por el codo. Para salir de la postura, flexiona ligeramente las rodillas y levanta los brazos desde los costados hasta que se unan por encima de la cabeza. Termina de pie con las manos juntas en posición de oración a la altura del pecho.

MEDITACIÓN

Los antiguos yoguis meditaban durante semanas, utilizando el silencio para conectar con ellos mismos, con el universo y con Dios. Pero incluso unos cuantos minutos al día enriquecerán tu vida. La meditación es una forma de renovarte, de reiniciar tu paciencia y tu empatía. El concepto de meditación puede resultar intimidante para algunos, especialmente para aquellos de nosotros que llevamos una vida ajetreada y rara vez disponemos de momentos de tranquilidad. Aunque sea algo necesario para nosotros, la quietud y el silencio pueden parecernos una pérdida de tiempo. Tenemos que recuperar el hábito de disfrutar de los momentos de tranquilidad y utilizarlos para recargar energías. Los siguientes pasos te ayudarán a empezar.

1. **Elige un momento al día para estar en silencio.** La meditación requiere un espacio de calma, por lo que no es recomendable intercalarla entre reuniones ni practicarla después de un evento social ajetreado. Elige un momento en el que puedas comprometerte a desconectar del mundo exterior.

2. **Ponte cómodo.** Piensa en cómo le gustaría descansar a tu cuerpo. ¿Tumbado o sentado? Si quieres comprometerte más, prueba con una postura de yoga que no sea

muy exigente. Si vienes de hacer ejercicio o de un día muy atareado, intenta sacudir suavemente tu cuerpo antes de acomodarte.

3. **Presta atención a tu respiración.** Sigue tu ritmo natural, pero intenta ralentizarlo y vuelve a practicar tus ejercicios de respiración (mira la página 96). Utiliza la respiración para indicarle a tu cuerpo que ha llegado la hora de relajarse.

4. **¿Te pierdes en tus pensamientos?** Tómatelo con humor. No esperes que tu mente ocupada se apague de inmediato, como si tuviera un interruptor de encendido y apagado. Acepta que tu mente se acelere. Vuelve a centrar tus pensamientos en tu respiración con suavidad, como si estuvieras guiando a tu mente, sin forzarla.

5. **¿Necesitas concentrarte?** Si eres neurodivergente o tienes una mente inquieta, un mantra puede serte útil. Crea uno en el que te gustaría centrarte hoy, como «estoy agradecido» o «estoy tranquilo».

MIS ACTOS SON MIS ÚNICAS PERTENENCIAS VERDADERAS. NO PUEDO ESCAPAR DE LAS CONSECUENCIAS DE MIS ACTOS. MIS ACTOS SON LA BASE SOBRE LA QUE ME APOYO.

THÍCH NHÂT HANH

CAPÍTULO SEIS:
EL KARMA DIARIO

Por mucho que estés de acuerdo con los enfoques expuestos
en los capítulos anteriores, es comprensible que te intimide
el esfuerzo que requieren. Pero los cambios en tu forma de
vivir se pueden abordar uno a uno. Al fin y al cabo, no son
grandes gestos los que marcan la diferencia, sino cientos
de pequeñas decisiones aparentemente insignificantes.
Cosas como decidir volver atrás y recoger un poco de
basura que has pasado por alto, o ayudar a alguien que
parece perdido en lugar de pasar de largo, tienen un
impacto en tu actitud consciente. Confía en que muchas
pequeñas acciones cambiarán el panorama general.

UN CONTRATO PARA CADA DÍA

Si pudieras establecer una intención para cada día, para el resto de tu vida, un conjunto de reglas por las que aspirarías a vivir, ¿cómo sería? Puede que haya días en los que no lo consigas, pero saber qué es lo que quieres conseguir en primer lugar te ayudaría, ¿no? Escribe cuáles serían tus intenciones para firmar un contrato contigo mismo basado en los principios kármicos explorados en este libro, hazlo ahora. Tus intenciones pueden ser tan específicas o generales como desees, pero no caigas en la tentación de ser demasiado ambicioso. Los pequeños pasos que puedes alcanzar te harán sentir la fuerza necesaria para asumir retos mayores. Empieza con un cambio o un objetivo que se pueda realizar y piensa en una forma práctica de llevarlo a cabo. Estas pequeñas promesas que te haces a ti mismo respaldarán los objetivos aquí expuestos, proporcionándote formas fáciles y cotidianas de recorrer tu camino hacia el buen karma.

Si te cuesta dar el primer paso, aquí tienes algunas sugerencias para empezar a resolver un desequilibrio kármico:

- Intentaré dar un pequeño paseo al aire libre casi cada día.

- Los sábados compraré los alimentos que mi cuerpo necesita para la semana siguiente.

- En momentos de estrés, me tomaré un descanso de dos minutos para respirar antes de reaccionar.

- Compraré más a menudo en la frutería para reducir el uso de envases de plástico.

- Crearé un grupo de wasap con mis vecinos y empezaré a invitarlos para participar.

- Me pondré en contacto con ese familiar o amigo con el que no he hablado desde hace tiempo.

- Arreglaré esa silla u otro artículo doméstico que se haya roto esta semana.

PEQUEÑOS RITUALES
DE MINDFULNESS

Muchas religiones han incorporado el mindfulness en sus rutinas diarias a través de pequeños rituales regulares y constantes, que se realizan con frecuencia y de la misma manera. Ya sea preparar ofrendas, encender incienso o decorar espacios, son acciones que crean un ritmo predecible en la vida que nos da momentos de paz. Como hemos explorado, la paz y el mindfulness mantienen un equilibrio kármico dentro de tu cuerpo, lo que te permite adoptar la actitud adecuada para alcanzar un mayor equilibrio kármico fuera de tu cuerpo. Lo mejor de los rituales es que, una vez establecidos, están tan arraigados que ya no necesitamos recordatorios ni listas de tareas pendientes: nuestro cuerpo sabe instintivamente cómo realizarlos y nos lleva a ellos. Incorporar rituales de mindfulness a tu rutina diaria repondrá tu paciencia y tu resiliencia. Al sentirte más centrado, estarás protegido de cualquier impacto kármico negativo debido al cansancio, la frustración o el agobio.

RITUALES MATUTINOS

- Es fácil decir «no tengo tiempo para eso por la mañana», pero en realidad es el momento en el que más necesitamos esos momentos de mindfulness. Acéptalo y pon el despertador veinte minutos antes; lo que pierdas en horas de sueño, lo ganarás con creces en tiempo.

- Prométete un buen desayuno. Decide lo que vas a tomar la noche anterior para que tu ilusión sea lo suficientemente fuerte como para anular el botón de repetición de la alarma por la mañana. El aguacate machacado o los huevos revueltos son rápidos y nutritivos.

- Cuando te levantes por la mañana, pregúntate qué es lo que, independientemente de cómo te sientas, te hace ilusión hacer hoy. Siempre se te ocurrirá algo.

- Mientras hierve el agua, elige un mantra que creas que necesitas para el día y repítelo una y otra vez en voz alta.

- Prepárate el café o el té con cuidado y sin prisas. Elige una cafetera en lugar de café instantáneo, hojas de té en lugar de bolsitas, y saborea tu bebida con la intención de degustar y apreciar también el día.

RITUALES DIARIOS

- Si puedes, en tu trayecto al trabajo realiza tus comunicaciones personales del día, como los planes para más tarde o responder a mensajes. Es tentador quedarse medio dormido, pero luego tendrás en la cabeza esos asuntos pendientes. Si tu trayecto al trabajo no te lo permite o si trabajas desde casa, puedes planificar mentalmente la lista de tareas del día, para así actuar de forma intencionada.

- Antes de entrar en tu espacio de trabajo, párate fuera treinta segundos. Aunque llegues tarde, solo son treinta segundos. Cuéntalos. Evitarás que la sensación de prisa de la mañana te persiga durante todo el día. Puedes hacerlo, aunque trabajes en casa.

- Repite conmigo «me merezco un descanso para comer, me merezco un descanso para comer, me merezco un descanso para comer». Quizás tu jefe prefiera que trabajes sin descanso, pero eso es su karma, no el tuyo.

- En el baño, tómate tu tiempo para lavarte las manos correctamente, despacio, con jabón, y sécalas bien. Es lo mínimo que hay que hacer para cuidarse; sin embargo, muy a menudo lo hacemos con prisas. Recuérdale al karma que te valoras a ti mismo.

RITUALES NOCTURNOS

- Al igual que al comienzo del día, detente en la puerta de tu casa y, antes de entrar, cuenta hasta treinta. Esto te dará el espacio mental necesario para no llevar contigo las preocupaciones del día. Si trabajas desde casa, intenta hacerlo en un espacio neutral, lejos de tu ordenador y de tu mesa de trabajo.

- Cuando los niños estén en la cama, hayas terminado tu jornada laboral o hayas recogido la cena, enciende una vela, apaga las luces y envíale a tu cuerpo una señal de que es el momento de relajarse.

- Prepárate la ropa para el día siguiente y las cosas que te has de llevar. Tu yo futuro te lo agradecerá, y la recompensa kármica por la preparación es cometer menos errores.

- Mientras sigues con tu rutina nocturna, mírate en el espejo y repítete tres cosas que hayas hecho ese día de las que te sientas orgulloso. Siempre hay tres cosas.

- Compensa la respiración entrecortada y agitada del día introduciendo ejercicios de respiración por la noche. Dos minutos son un buen comienzo; puedes hacerlo mientras esperas la cena o a un amigo, y también durante las pausas publicitarias si estás viendo la televisión.

AUMENTA TU KARMA

Prueba estos cambios de actitud, fáciles y rápidos, para mejorar el equilibrio kármico de tu día.

- **Presta atención a los necesitados:** personas, animales, la tierra. Tómate un momento para observar y participar. Busca a personas con cochecitos o maletas pesadas que necesiten ayuda en los andenes del tren y a personas mayores o con discapacidad física que necesiten ayuda para cruzar la calle.

- **Devuelve el favor:** inyecta algo de positividad en el mundo a través de pequeños actos de bondad. Deja piedras pintadas para que los niños las encuentren en los parques, recoge flores de tu jardín y déjalas fuera de la casa de alguien, invita a un desconocido a una taza de té.

- **Da las gracias:** compra un paquete económico de tarjetas postales y acostúmbrate a obsequiar con ellas a esas personas que han sido amables contigo.

- **Karma del trayecto entre el trabajo y el hogar:** proponte ser un conductor más amable y deja pasar a los coches que tienes delante de ti, o cede tu asiento en el tren a otra persona.

- **Pequeñas sorpresas:** no tienen por qué costar una fortuna. Por ejemplo, si tu compañero de trabajo tiene una fecha límite y no puede salir de la oficina, llévale un café o un aperitivo durante tu descanso.

- **Consume con consideración:** acostúmbrate a utilizar tiendas locales e independientes. Localiza el buzón de donaciones del banco de alimentos más cercano y compra una lata de comida extra en tu próxima compra para dejarla allí.

- **Haz cumplidos:** bonito vestido, bonitos zapatos, precioso jardín, buen trabajo... Acostúmbrate a animar el día a los demás y verás que tú también empezarás a recibir ánimos cuando los necesites.

- **Propuestas sencillas:** ¿te apetece dar un paseo? Dile a tu vecino que puedes sacar a pasear a su perro. ¿Estás planeando una noche de cine? Hazlo en casa de tus amigos, mientras cuidas a sus hijos, para que puedan salir. A veces, ayudar a los demás no supone ningún esfuerzo.

NINGÚN ACTO
DE BONDAD,
POR PEQUEÑO
QUE SEA,
ES EN VANO.

ESOPO

SEGUNDO CUERPO

Dentro de las comunidades budistas de monjas o monjes, o *sangha,* como se les conoce, sus miembros suelen adoptar un «segundo cuerpo» dentro del monasterio. El segundo cuerpo es una persona a la que cuidarán como si se tratara de sí mismos. Si van a meditar, invitarán a su segundo cuerpo; si la persona no se encuentra bien, se encargarán de conseguirle ayuda. No se trata solo de ofrecer, sino de asumir realmente la responsabilidad de otra persona. En nuestras vidas, a menudo intentamos cuidar a demasiadas personas a la vez. En lugar de eso, intenta cuidar a los más necesitados, uno por uno. Piensa en alguien de tu vida que necesite un cuidado o una consideración extra en este momento y comprométete a adoptarlo como tu segundo cuerpo durante un tiempo. El equilibrio kármico hará que recibas el mismo cuidado cuando lo necesites.

PRINCIPIOS
DEL SEGUNDO CUERPO

- Obviamente, la persona que elijas adoptar como tu segundo cuerpo debe ser alguien a quien conozcas bastante bien. Has de tener una buena relación con ella para que esto funcione sin ningún tipo de tensión. Por ejemplo, no sería apropiado hacerlo con una expareja o con alguien con quien acabas de empezar a salir, pero sería útil para un amigo que ha recibido malas noticias.

- Respeta los límites. Aunque lo trates como si fuera parte de ti, por supuesto, no lo es realmente. Ten cuidado de no sobrepasar sus límites y fíjate en si se siente incómodo.

- ¿Qué necesita? La ayuda práctica con las tareas administrativas o domésticas suele ser mucho más útil que una invitación a tomar algo o a cenar.

- Ponerse en contacto puede ser la forma más sencilla de cuidar de los demás: un mensaje, una carta, una llamada o un correo electrónico, cualquier cosa que demuestre que te importa.

- Hay pequeños gestos que tienen un gran impacto. Llévale una comida casera, sus chocolates favoritos o flores.

EL TEMPLO DIARIO

Nuestros hogares son como invernaderos: intensifican las emociones que albergamos en ellos. Por lo tanto, si te conviertes en tu entorno, ¿qué te promete el ambiente de tu hogar para el futuro? Del mismo modo que un jardinero prepara cuidadosamente el terreno para el tipo de planta que quiere cultivar, debes pensar en el ambiente que crea tu hogar.

Las buenas semillas no pueden crecer en un suelo pobre. Piensa en el espacio en el que te gustaría vivir y compáralo con el que tienes. En algunas ocasiones, la elección de un determinado diseño interior entra en conflicto con la necesidad de cultivar un entorno doméstico tranquilo y positivo. Aborda el diseño de tu casa como si estuvieras creando tu propio templo personal, dedicado a cumplir el contrato kármico que estableciste anteriormente.

CÓMO CONSTRUIR
TU TEMPLO COTIDIANO

Reducir

Cuanto más tranquilo es el espacio, más tranquilos nos sentimos. Adopta el hábito de deshacerte de los objetos que no te gustan o no necesitas y dónalos a organizaciones benéficas. Recorre tu casa con una caja y mete en ella las pertenencias que no te aportan alegría. Considera la posibilidad de deshacerte de las cosas que te pueden provocar emociones negativas, como fotografías de personas con las que tienes una relación difícil, ropa que ya no te queda bien u objetos rotos.

Organizar

Si estás constantemente buscando cosas y no las encuentras, te sentirás frustrado y serás más propenso a llegar tarde a tus citas y compromisos sociales. Es una ecuación kármica obvia que las personas desorganizadas atraen más caos. Pon tu casa en orden y tu vida también se sentirá más ordenada.

Dirigir

Pon el piloto automático a tu favor. Deja tu esterilla de yoga a la vista para acordarte de que debes usarla; coloca tu diario junto a tu tazón de desayuno. Si instauras la intención de hacer algo, ya has ganado la mitad de la batalla.

Ambientar

Coloca velas e incienso por toda la casa, no solo en la sala de estar. Una vela encendida junto a tu escritorio hará que el espacio sea más acogedor y atraerá valor kármico a tu trabajo. Fíjate en cualquier cosa que perturbe el ambiente; por ejemplo, considera la posibilidad de introducir ruido blanco en una habitación en la que se oiga el tráfico de la calle.

Inspiración espiritual

Elige una cita, una lámina o una fotografía que te recuerde que debes seguir estos principios kármicos y colócala en un lugar donde puedas verla cada día. Busca trabajos de los que te sientas orgulloso, certificados o recuerdos valiosos y colócalos en un lugar donde puedas verlos. Acostúmbrate a cambiarlos cada cierto tiempo, para que no se conviertan en parte de la decoración.

CEREMONIAS KÁRMICAS

Las ceremonias son una forma de establecer intenciones. Tanto si eres religioso como si no, son una estupenda manera de decidir cómo quieres sentirte tú mismo o cómo quieres que sea tu entorno. Asegurarte de que haya ceremonias positivas a lo largo de la semana atraerá más karma positivo a tu entorno inmediato.

Para limpiar la energía negativa. Durante siglos, la gente ha utilizado la salvia para limpiar la energía negativa y restablecer el equilibrio. Aplaudir, redistribuir los muebles de la habitación o abrir todas las ventanas son otras formas de ayudar a que tu espacio se perciba como más neutral.

Para dar las gracias. En las comidas con mucha gente, procura dar las gracias a la tierra, a los agricultores y al sol por la comida. Cuanto más agradecido estés, más recibirás.

Para la paz. Para mantener tu equilibrio interno, una vez a la semana date un baño con sales, o una larga ducha con jabón con infusión de lavanda. Asegúrate de hacerlo a solas y de no tener planes inmediatos después para poder relajarte de verdad.

Para la inspiración. Antes de empezar a trabajar o de iniciar un proyecto, pon música relajante, enciende una vela y deja una bebida caliente en tu escritorio. Aléjate del espacio y luego vuelve, listo para concentrarte.

Para el amor. Empezar una nueva relación mientras sigues llevando el collar que te compró tu anterior pareja es sinónimo de desequilibrio kármico. Cierra tu última relación antes de empezar una nueva. Recoge los objetos que te regaló tu ex y deshazte de los que puedas; guarda los demás para cuando no estén tan cargados emocionalmente. Compra ropa de cama nueva, cambia tu fondo de pantalla y el nombre de tu ex en el teléfono, sustituyendo el apodo por algo más formal. Hacer esto posibilitará que conozcas a alguien nuevo.

Para una nueva casa. Limpia el espacio con salvia, pinta las paredes y recorre cada habitación pensando cómo te gustaría que fuera. Imagina realmente esa sensación, ya sea de paz, inspiración o romance, e invítala a entrar en el espacio. Una renovación de este tipo le transmite a la casa el amor que quieres que te devuelva.

NINGÚN ACTO DE
BONDAD ES REALMENTE
PEQUEÑO, DA LUGAR A
UNA ENERGÍA HERMOSA
QUE SE EXTIENDE POR
TODO EL MUNDO.

KARMA Y PERDÓN

Si hay un principio que debemos intentar tener presente cada día para tener buen karma, ese es el perdón. El resentimiento genera mal comportamiento, lo que a su vez genera mal karma, y si guardas rencor a tu alrededor, solo atraerás a otras personas que se encuentran en el mismo espacio negativo. No te olvides de que el karma es energía y, como toda energía, lo similar atrae a lo similar.

Algunas formas de perdón son más difíciles que otras, pero recuerda que perdonar no significa necesariamente olvidar. Puedes perdonar a alguien mientras estableces límites y das un paso atrás, sabiendo que ya no estarás atado al karma de esa persona. La forma más poderosa y desafiante de perdón es la de los agravios del pasado que hemos guardado durante mucho tiempo. En este caso, el perdón es autocuidado; eliminar ese peso hará que te sientas más aliviado al instante. Por último, explora los resentimientos que puedas tener contra ti mismo y dirige ese espíritu de perdón hacia tu interior.

CONCLUSIÓN

¡Empieza ya!

Esperamos que los consejos y sugerencias de esta guía sobre el karma no te hayan resultado abrumadores, sino útiles. Se trata de tus objetivos para el futuro, no de un conjunto rígido de reglas que debas cumplir de inmediato y, por supuesto, todo lleva su tiempo.

No es necesario que dejes tu trabajo, te afeites la cabeza o ingreses en un monasterio budista —a menos que quieras hacerlo—, y estos principios no están necesariamente en contradicción con tu ropa de diseño, tus *brunchs* o tu amor por el lujo. No te sientas culpable ni te avergüences por ninguna decisión que hayas tomado anteriormente y que ahora quizá reconsideres. Son cambios positivos y resultados positivos, no es una evaluación de lo que has hecho hasta ahora. Esperamos que ahora te ilusione y te hayas empoderado ante el futuro; debería parecerte que los días y las semanas que tienes por delante están más bajo tu control.

Merece la pena repetirlo una última vez: con el karma, la intención lo es todo. Así que establece una nueva intención a partir de ahora mismo. Prométete a ti mismo que no desperdiciarás el tiempo que has dedicado a estas páginas, que este momento, ahora mismo, es una línea en la arena. Quizás podrías programar releer este libro dentro de seis meses para renovar tu enfoque, o hacer un recordatorio en tu calendario para revisar tu compromiso y modificar lo que sea necesario. Estás iniciando una relación para toda la vida, por lo que habrá cambios a lo largo de este trayecto, con sus altibajos. Acepta que habrá momentos en los que te desviarás del camino correcto y necesitarás volver a él, y haz un plan para esos momentos. Sé realista y amable contigo, recordando que la única expectativa del karma es que, cuando sepas más, lo harás mejor.

CRÉDITOS DE LAS IMÁGENES